U0006743

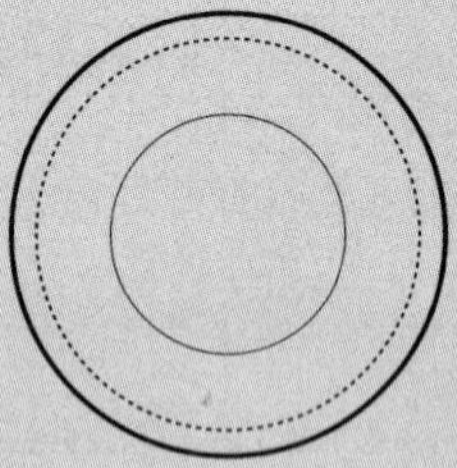

中醫師也想學的25形人養生攻略

算體質！
來自黃帝內經的零死角全息調理法

紫林齋主——著

推薦序

中華文化博大、精深，不僅存於經史子集的字裡行間，亦活在歷代百姓的生活起居之中，或為書畫吟唱，或為拳舞湯藥，無不表露古聖先賢的智慧與思想，經世而致用。這些智慧與思想跨越時空，連繫族群，豐富了人們的心靈，充實了生活的內涵，是知識，也是藝術，更是哲學。

中醫作為祛病療疾的一門學術之餘，根本於人文精神的關懷，實踐於坐臥飲食間的講究，堪為中華文化精髓最好的具體展現。以合於宇宙自然運行的基本原理，提挈天地，把握陰陽，秉持天人合一思維，上以療君親之疾，下以救貧賤之厄。中醫醫理與醫道的完整論述，公認淵源始自《黃帝內經》，卻也惜於因流傳久遠，烽火無情，文物蒙難，致使篇章復原不易，故千年來，雖研究《黃帝內經》者眾，但仍尚存許多亟待闡明的內容。

林祥榮先生以自身疾痛經歷為契機，自學再至自療，終得體悟中醫之用，自術而晉於理，以醫而近於道。自創紫林中醫一門，引領有志弟子，潛心研究，以桂林古本《傷寒雜病論》、《黃帝內經》、《神農本草經》為核心，整理中醫內容，並力行推廣之。其受惠者眾，遍及全球華人世界，成為中國傳統文化復興與世界各國文化交流之間一股新的氣象。將傳統文化與現代生活緊密結合，由復興而能創新，藉教育達成交流，經共享以至合作，輻射四方，令世界上每一個角落的現代人，不分疆域，皆能廣受人類文明瑰寶的福蔭，是每一位身為中華文化傳承者的吾輩所責無旁貸的歷史使命。

欣聞作者繼《太極米漿粥》、《物性飲食》之後，本於《黃帝內經》內容的讀解，又有新作面世。其致力於發揚中華優秀傳統文化之用心可佩，故為之作序推薦，期能嘉惠眾人，重振我優秀傳統文化，為全球人類造福。

張健／中國留學人才發展基金會漢學研究院院長、「十三五」階段
「一帶一路」漢學國際傳播專項研究課題組執行主任

公元二〇一九年七月十六日

前言：每一種體質都是完美的自己

古經方中醫優於近代中醫、西醫之處，其中之一在於：他能根據時間的節律，大至掌握地球的氣候變化傾向，小至掌握個人的身體狀況特徵。

我在《太極米漿粥》中，對古經方中醫的醫術知識中核進行高度概括，並在書末附錄的〈健康流年〉中，對公元二〇一七至二〇二〇年，做成天候特徵的推論，及養生重點的提示。脫稿之時，為二〇一六年中。出版後，我在網路上約每半年就回顧該年度的全球新聞節錄，並與我的書文做對照，事實證明，一一應驗。氣象超級電腦辦不到的事，全球各氣象專門機構都做不到的事，聯合國世界衛生組織也做不到的事，我一個人就做到了。這麼做的原因無他，就是為了要證明我所認識的古經方中醫，可推廣，可驗證，涵蓋天體至人體，適用全球、全人類，不但合於科學，更優於科學，而且是黑科技、超文明等級的真實科學。

我說：打了一、二十顆人造衛星上太空，不如兩千年前古書一卷在手中。陰陽五術，山、醫、命、相、卜，在研究、推論天地運行中所呈現之連續動態變化的節律方面，很有一套。所以，針對不同的用途，又各自衍生出分門別類的深入研究學術。雖彼此仍具一定交集，唯術業已有其專攻。

相對於部分近代中醫學派，大張旗鼓、聲嘶力竭的全盤否認陰陽五行哲學論述實為中醫之根本，甚至墮落、敗壞至「衷中參西」，假科學化之名，欲將陰陽五行哲學與知識系統自中醫抽離殆盡，有的人反而嘗試藉《易經》、《河圖》、《洛書》等來推算天候，甚至治病。當然，若確能掌握箇中要領，單以推算天候來說，也可以很準。但這些經典的內容並非針對人體的養生與療疾之用而設計，若是應用到醫術上，常見力有未逮之處。因此，在坊間部分既有的論說裡，硬將易學與醫學扯上關係，便難免出紕漏，多有穿鑿附會之處，甚至有流於宿命說、玄虛化之嫌，反而否定醫學。只是一般廣大的讀者專業素養不足，很難明白糾舉出來而已。過猶不及，皆非復興古經方中醫之正途。

在天體，我們從陰陽五行邏輯歸納出五運六氣節律，用以推算天候與流行病趨勢。在人體，我們可以推算什麼呢？那就是「體質」。

《黃帝內經》提出「陰陽二十五形人」的概念，告訴我們：在「正常」範圍下，全人類可進一步區分出二十五種不同的體質特徵。這可說是當代現存的醫學知識中，對「體質」概念最早進行系統化分類整理的論述，從外觀、生理特徵，甚至到情志、行為表現。但是時至今日，約兩千年來，一直未能有人將其落實於可操作的系統知識中。

這廂本源的「體質」論述尚未能充分闡明，那廂近代的「體質」說法卻被偷換觀念成了醫術稚嫩者的垃圾桶，各種不會治、不關心、不知道的病症，諸如：過敏、畏寒、怕熱、多汗、高血壓、抑鬱、過動、散光，通通給打包丟進去了。若真有這麼多天生醫不好的病，還要醫術何用？這，也是在否定醫學。

鑑此，我再興創舉，提出「陰陽二十五形人」的實作概論，幫助有緣朋友們益於養生，也做為今日以現代表述進行古經方中醫研究的拋磚引玉之用。

大家都知道，人各有體。但是在這「人各有體」之上，更有一條共通不變的大道，恆為綱常。就像我們在《物性飲食》中，透過一定的邏輯思維觀察每一種常見食物的物性一般，能在天地間自然產生、順利繁衍的物種，必定都是「正常」的物種。而魚喜游水，羊善爬山，適情、適性、適才、適所的生與長，方能針對每一物種的「正常」，進行最妥切的調養。

我說：每一種體質都是完美的自己。

有的人覺得自己樣貌不好看：明明兄弟姊妹都有那樣特徵，為什麼就我是這個長相？是因為遺傳嗎？好像不全是。

有的人覺得自己念書理解差一點、運動反應慢半拍、簡單的手工藝卻老做不來……，是缺乏鍛鍊嗎？好像也不是。

有的人偏好於夏天的活力四射，有的人安適在冬天的深沉肅靜，鐘鼎山林，是受了誰的影響使然嗎？可能都不是。

這些，才是體質。不需要扭轉，不需要「矯正」，不需要向誰看齊。

體質不是帶給你擺脫不了、糾纏一生的疾病與痛苦的禍首，他賦予你實體存在，給了你之所以能像「你」的原生體態與特質，是一份老天的完美賜與。因為自能生誕、存續於天地之間，當然自是完美。

在大道的「正常」中，一併包容了生物獨立的多樣態性。序中有變，變中有序。若《太極米漿粥》在談的是一種「序」，則《物性飲食》裡頭談的就是各種「變」，而本書嘗試想告訴大家的，就是「序」與「變」的調和。

適切活用陰陽五行，可讓地能盡其利，物能盡其用，更讓人能盡其才。當魚不再抱怨自己為何無法爬山，羊停止嘆息生來為何不能渡海，生命才開始得到真正的解放。我們的一生已經學習太多向外「擴張自我」的知識，不妨也開始回頭來看：一門能教我們向內「探索自我」的學問。這也是東、西方知識哲學觀點間，關鍵性的區別之一。

向內的自我探索，帶來真正的成長、成熟、平和與喜樂。心為人體生命能之源，其志為喜。故，從心到身的全面養生，就從「體質」的自我認知開始。

不治已病，治未病，謂之上工，故曰：養生是高端的醫療。

公元二〇一九年己亥小暑

目錄

第三章

《黃帝內經》〈陰陽二十五人〉概念簡介

目錄

第五章 常序與權變——常見其他極端飲食法對五形體質的影響

目錄

第一章

人秉五常

——先天與後天的意義

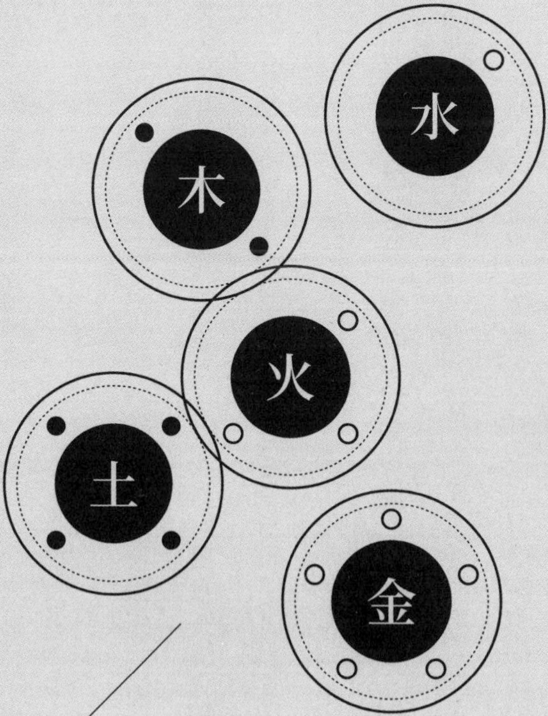

○●○●○ 從整體生物觀點談起

古羅馬時代哲學家，盧克萊修（Titus Lucretius Carus），在他的《物性論》（De Rerum Natura）書中說了：「吾之美食，汝之鴆毒。」（原文："Ut quod ali cibus est aliis fuat acre venenum."），我認為這話只能算是說對了一半。

這句話說穿了，就是我所謂的「以偏治偏」（請參考《物性飲食·非吃不可與少吃為妙的全食物養生法》*上，四一頁）概念而已。如果正用、善用以偏治偏的效果，並將這套辨法整理成有邏輯、有系統、可推演的知識，即成為醫治、藥劑的學問，足以用於療疾，也就是我所謂的「醫理」、「藥理」。如同我們在「桂林古本」《傷寒雜病論》、《黃帝內經》以及《神農本草經》裡頭讀見，古時候的通達先者告訴我們的智慧之語一般，章法嚴明，進退有據。但若誤用、惡用，便立馬成了我所謂的「以偏害偏」，使得身體的偏性擴大，病症加重，不止傷身，更能害命。美食與鴆毒之比，或許譬喻稍偏簡略，但對於偏性的輕重，我們仍然可透過相對客觀的邏輯與標準，對周身常見、常用的食材及藥材，做出定位並分析。畢竟，人體運行重要功能的結構與秩序，不分古今中外，人人一致。

我們曾說到，要多吃主食、喝起太極米漿粥，以及「三不沾」等飲食宜忌，諸如此類「非吃不可」與「少吃為妙」的建議，可說是沒有任何例外。但是，在共通的人體功能與結構下，所有個體彼此間仍然保留有一定程度的差異，也就是所謂「體質」偏性上的不同。在此前提下，有的人偶爾吃幾口也覺得無礙的食物，或是偏好的口味，對有的人來說，一碰，就容易出問題。**他們的差別是「因此吃出問題的極限略有不同」，而非「有的人吃了不出問題」**。因此，我們可以站在更高的角度來觀照這件事：有一些飲食的內容與方法，的確能適用於所有人體，不分體質，甚至不分在病時或平時，這就是我在《太極米漿粥：來自桂林古本傷寒雜病論，靠白米就能重拾健康的本源療法》*中主張強調的內容，凌駕「以偏治偏」，免去「以偏害偏」，一種「以中和偏」的「終極之道」：養胃氣，護陽氣。這樣的內容，適用於我們所有人來照顧彼此每一個擁有不同體質的個體，甚至對人體、禽獸、植物，都能有益，所以才堪稱「養生」。

而在我們清楚認知每個人有其個體差異的前提下，對於天生萬物，在各物種間皆存在的個體差異裡，我們可以找到了解體質的辦法，有利於幫助我們在天地四時五運六氣的輪轉移變之間，以精準的微調，藉由「致中和」，維持身體的功能與結構（請參考《太極米漿粥》九六頁）在連續動態平衡的狀態中。這部分的內容，就是我們在這本書中，要與各位朋友來介紹與探討的部分。

每個人就像一把琴，在看似相差無幾的外觀與響聲中，每一把琴仍然有自己不同的音色、韻味，這就是體質。每一把琴都需要在使用之中不斷的進行調校，而隨著使用的慣性不同，在共通的保養手續外，每一把琴的身上也逐漸開始有不同的調校重點需求，這就是養生之於人體的必要，養生客製化操作的必要。共通的保養手續並非無視於體質，也不是消滅個體特徵，而是透過保養，有秩序的照顧好所有細節，方能更正確而優美的展現個性之長。每一把琴都是上天打造的天生好琴，都能在持續的演奏中，越發展現每一把琴獨屬於自己的特色與風格，有如透過正確的使用與保養，肉身也能陪伴我們走過百年。人體與琴一樣，若缺乏正確的使用與保養，不但容易招致損壞，就算在損壞之前，彈奏音色走樣、失準，不說優美，連正確演奏樂曲，都有困難，這就是所謂的亞健康狀態。損壞後的修理像療疾，但那畢竟屬於非常，若在善加使用與保養下，發生修理需求的機會實在不多。所以我們可知：養生對人人而言，絕對優於療疾、重於療疾。

以整個層次來說，首先：平時養生，最重以中和偏，維持致中和，一如我在《太極米漿粥》提到的諸多主張，高度概括了在自然界中，「人」這樣的物種所共通依賴的功能運作主軸，與最核心的養生療疾大法。這是關照全人類、全體質、全年齡、全時態，無差別、無禁忌的終極之道。最不容易體悟，但是最容易於家常之中操作。一碗清水煮大米，僅用人人家中廚房灶頭皆有的爐、鍋、米、水，馬上做，正確做，持續做，就能達成全方位、零死角的養生效果，無與倫比，比防彈更防彈，比超級更超級，故我名之「太極」。下一步：我們以「食必天然」為根本，嘗試建立起一套「怎麼透過身體感去認識物性的類比指南」。綜觀諸多家常飲食所用的材料，因萬物皆有其個體偏性，故我謂之「物性」。物性的歸納有其一定的邏輯，可推廣、可演繹，合於普遍存在的自然現象、原理，運用的是陰陽五行的哲學觀點。我們經由觀察而認知：飲食對於我們身體的特定功能與結構，普遍產生特定的偏性影響；食材在進行配伍後，能夠產生更廣效、更強效的影響作用。探討諸如：「人」

與「物」、「物」與「物」的調和之道，藉觀其「形」、察其「行」而知其「性」的理論系統，在我的著作《物性飲食》中進行闡明。

在認識了何謂「中」，並接著認識了物性之「偏」後，我們仍然本著陰陽五行以及「山、醫、命、相、卜」合稱「五術」其「以人為本」的精神，再進一步分析：每個人怎麼認識自己先天的偏性，找出適合自己的飲食起居重點，合於天地運行的「正」的常模，避免走上過度的偏性，維繫於連續動態變化的平衡範圍。本書裡，我們將談到：每個人體天生所帶的「偏」，亦即「體質」的相關課題，以及怎麼進一步更細緻的微調，達成「致中和」的目標。在承認每個人的天生體質偏性前提下，以適切的工具與技法，進行重點打磨，既保有個人特質，又能合於協調、中和的自然之道。

終極之道，物性之偏，體質之偏，依重要價值由高而下的秩序舖陳，架構出操作、講究「養生」的知識體系，有如兵法秘笈般的教戰法則，供我們在天地的六氣之辯中，日日於家常之間操演，保身長全。

＊

《物性飲食·非吃不可與少吃為妙的全食物養生法》為本書作者第二部著作，分為上下兩冊，介紹各種家常食物的特性以及對人體的影響。本書以《物性飲食》稱之。

《太極米漿粥：來自桂林古本傷寒雜病論，靠白米就能重拾健康的本源療法》為本書作者首部代表作，介紹太極米漿粥的發現、學理和做法，見證者、影響者眾。本書以《太極米漿粥》稱之。

○●○●○ 病態就是病，不是體質

大家都知道要「調體質」，都說中醫最擅長調體質，也幾乎是當前最被推崇、廣為應用的養生效果。但是，究竟什麼是「體質」？大家都說體質可以調，卻又認為自己「我的體質就是這樣」，豈不矛盾？

淋雨受寒又吹了風，誰都一樣容易感冒；冰水喝多幾口，誰都一樣容易招致胃氣虛損。雖然因為個人的體質，的確有可能呈現某些毛病容易好發的傾向，但是在一般、普遍的正常飲食作息內容下，無論任何體質的人體，都一樣能呈現出應有的功能效應與結構狀態。在不同的體質間，人人都是「平人」，也就是《內經》所謂「沒生病的人」。對每個人來說，功能持續遠離連續動態平衡的樣態，即是所謂的「偏」，也就是離開「中」的表現，即為「病態」。現在大家常說的「體質」，其實大多是「病態」；卻又把帶有療效的極端飲食控制，叫做「養生」、「調體質」。

若是如此操作：養生養出一身病，不奇怪，體質越調身體健康越糟，也不意外。「體質」哪有這麼嚇人？吃個米、麥也引發所謂「過敏反應」？吸口空氣也弄出「過敏反應」？人類數千年來都這麼一路活過來，不都好好的？仔細想想：「體質」不可能造成這種反應嘛！**假使你的身體當下已經無法承受攝取正常食物的一般用量，這所顯示的是身體的偏性已經太強，可以說是在病態下了**。你需要的不是忌口或什麼醫藥，而是把該吃的米飯主食給趕緊吃足了！許多朋友連吃碗白米飯、喝太極米漿粥，都怕得要先問是不是該看體質，把對「少吃為妙」的食物所用的「忌口」手段，竟然放到「非吃不可」的食物上頭，這只能證明：當代已經把「體質」與「病態」完全混淆啦！因為，「調體質」最好的方法，就是喝太極米漿粥、吃大碗白米飯。在我的見聞中，米飯主食吃得不夠，不但不足以養生、調體質，療疾更是難收效果。我甚至可以說：沒有喝起太極米漿粥、吃足白米飯，做足養胃氣、護陽氣的工夫，則任何一種藥材、治療，都不能發揮正確效果。若只想要以偏治偏，最後僅落得以偏害偏。

養生，當然旨在維持一年四時、春夏秋冬都能平穩舒適的自己。但這必定不可建立於犧牲普遍性的天然飲食內容，或以人工化合的藥物代替食物的觀念與操作上。中醫說「藥食同源」，我認為其可貴之處盡在於此（請參考《物性飲食》上，二七頁）。

所謂的體質，並沒有大家想像的那麼刁鑽、難搞，這麼容易站在健康的對立面。因為，實際上所謂體質的看法，與我們目前通常所聽到的內容，恐怕大大不同。能夠藉由正確飲食而獲得改善的身體狀況，都不算是體質。甚至，依照知識體系的秩序層級架構來看：如果一套論述，連天候的五運六氣都說不清楚，物種的秈米、粳米也分不清，我真心認為，這套論述想必既說不清體質該怎麼看，也說不清針對體質要怎麼吃。正如我認為，「過敏」不應該被直接連結到「體質」，「體質」不應該代表「一碰到某種食物或條件馬上生病」的反應。我曾聽說，有的朋友出現「對於抗過敏藥物出現藥物過敏反應」、「檢驗指出白米是過敏源」等狀況。治療該病的藥物卻引發該種病症、人類吃了數千年的主食是過敏源，這是什麼概念？豈有自洽性（請參考《太極米漿粥》四〇頁）可言？如何足堪稱為「科學」？現在很多醫療、藥物的概念與效果，實在是不盡理想，這個不是我們自己沒來由的亂說，而是身邊實在有太多抱著這類苦惱又不得其解的朋友，他是鐵一般的事實。

有疾病當然需要就醫，需要接受治療，絕不可逃避。但是，對用於己身的醫療手段與藥物，我們當然還是需要在充分的認識下，謹慎挑選。同樣是吞下肚，我們知道吃藥要小心，吃食物，其實更需要小心。因為我們天天吃飯、靠吃飯填飽肚子，對食物的用量更大、依賴更多，食物的物性也好，品質安全也好，能日積月累，影響甚鉅。回過來說，無論吃藥也好，吃食物也好，五臟第一關必先進我們的脾胃。能進脾胃，所有藥物或食物的偏性才開始影響我們。若是僅針對某種機轉或某樣問題來吃，這樣的用法叫「以偏治偏」，需要經過縝密的認識與準確的應用來操作。要能夠熟練運用之前，必要經過扎實的學習與訓練，沒有二話，也沒有速成班。

在發生醫療介入的必要之前，人人先把養生之道在家常中實踐起來，不僅能藉此以中和偏，保身長全，若偶爾稍有不適，亦能很快籍由自體的胃氣與陽氣調整回來。並且，更可進一步將健康的強度持續往上推展，以期能達到《內經》所言「度百歲而動作不衰」的上古「真人」層次。以中和偏的醫理核心思想，透過吃足白米飯、起居如節來達成，這絕對是牢不可破、適用於所有人的養生終極之道。而熬起太極米漿粥，透過準確的操作爐、鍋、米、水，便是將精白粳米的補養作用更提升一階。方便法門已經大開，朋友們只管踏進來，持續實踐，好處就是你的了。飲食養生，從此應再無罣礙，無須追尋。

此即我所謂「養生是高端的醫療」一語。這是我體悟到的醫術境界，也是希望能帶給大家深思的一個課題。

談體質並非宿命論。談體質，我們希望的是大家坦然接受那個「天生與別人、與自己的想像模樣不同的真實自己」，而不是視天天發病為理所當然，把吃了麩質、蛋白質，或吸進塵蟎後發作過敏的病態，當成真正的自己。

○●○●○應用在養生與療疾的區別

「又土地溫涼高下不同，物性剛柔，飡居亦異。是故黃帝興四方之問，歧伯舉四治之能，以訓後賢，開其未悟。臨病之工，宜須兩審也。」《桂本》〈傷寒例第四．三．十一〉

雖然我們在《太極米漿粥》與《物性飲食》中，已經介紹過《內經》所言「上工治未病」的詳解。但是，肝有不適的人，難道猛吃酸的食物就行了嗎？吃檸檬與喝醋是好方法嗎？有沒有什麼不同呢？若有其他四臟的問題，還該不該吃酸？若肝與脾都不舒服，要以哪一邊為準？中醫談論醫理，講究「辨證論治」、「隨證處方」。病家的功能、結構透露出偏去正常範圍以外的性狀表現，也就是「病證」，我們將藉由食材或藥材的物體個性與偏性，也就是「物性」，透過炮製、配伍等手法進行調整，以偏治偏。當然，在療疾的範疇內，除了講究「辨證」，也就是必須盡可能全面而正確的了解病家的所有病證，並在合於「生理」邏輯下，將所有病證整合為一條當下病況演化的通盤機轉，也就是一般所謂的「病機」，以供做在「病理」的知識體系之中進行分析，明白其致病的關鍵，方能針對性的進行施治。

在標準的醫理與生理對身體功能及結構的理解中，仲景於《桂本》尚有明言，隨著病家居住地區環境不同，起居、飲食習慣不同，都影響病況。所以，對於一位醫家而言，盡可能的將這些變因匯整進來，以期更圓融的進行醫治方針上的考量與設計，這也是必要做足的工夫。這些因時、因人、因地制宜的方法或觀念，是我們在醫術之中額外權衡的因子，是一種「權變」。在本書裡，我們以《內經》對於個人體質展開論述的章節：〈陰陽二十五人〉所談論到的五形體質為原點，本於五行生克的邏輯，以體質這項「權變」之一，針對我們每個人不同的天生偏性進行探討，並據此提出一些養生要點方面的建議。不只是在有形的飲食內容上做建議，同時我們也針對了五形體質在情志上可能表現的特質，結合各種人類文化與行為上的屬性，談談行為對於我們身心的幫助。綜合功能與結構的需求，以做為我們在「常序」的養生觀念主幹上，可以略加調節的「權變」參考。

不同五形屬性的偏性，我們有不同的養生側重部分，但是絕沒有脫離人體生理其「常」的可能，因為養生的目的在於預防可能發生的病證，並且進一步強化正常的功能與結構，遠離稍有影響則立即發病的險境，因此主要目的也不在於側重調整偏性已經造成的病證；但市面上流傳的養生方法，多是透過極端飲食的內容與習慣操作，有的人做來可能暫時有好處，但是對所有人仍終致不利。甚至針對性的「調養」可明確指出的病證、不適，嚴格來說，都已算是「療疾」，並非「養生」。我們談「體質」，談的是「身體偏性的潛在特質」，而非「身體功能好壞的品質」。能透過飲食或是方劑等調理獲得改善的狀況，都不是「體質」，嚴格來說，皆屬於「病證」。既然是病證，便需要治療，並獲得治癒。因此，根據我們的定義，所謂的「過敏體質」是根本不存在的說法，也沒有意義。因為「過敏」是病證，非身體之「正」，自然不會、不該是「常」；非「正常」的身體表現理應歸於「病證」，需要，也可以被澈底治療而永久不須「控制」。更何況，所謂的「過敏」被治療痊癒而不再發病的例子，太多了，很明顯這並不屬於「體質」的定義。所謂「吃某某食物容易上火」，這也不是體質問題。如果是偏性較強的食物碰上胃氣、陽氣明顯不足的身體，的確容易發生狀況，但是透過我們一直強調的「養胃氣，護陽氣」來做調理，狀況都可以明顯改善。獲得調理而改善，不叫「體質改變了」，而是「身體的胃氣與陽氣提升了」的實際內容表現。

好比說，有的人自稱不能吃肉，特別愛吃大量蔬果，覺得吃了葉菜，身體舒服。其實這也是身體的偏性。雖尚不至於稱做「病證」，但也是身體已經呈現明顯偏性的一種狀態，或可視為一般常稱做的「亞健康」。而透過實例的觀察也證明：其人的肝功能明確提升，其餘顯示出胃氣、陽氣不足的狀況獲得改善之後，其人反倒無肉不歡，再也無法承受大量蔬果對於身體的偏性影響。又可舉例：有的人在開始喝起太極米漿粥後，身體開始出疹，特別是晚上就寢的時候，癢得難受。但是在我建議其人每餐把白米飯的量吃足了，暫時不吃任何蔬菜、水果，只吃炒過的羊肉或豬肉，短則一天，狀況即大幅好轉，疹子消退大半以上，也不發癢，容易入睡。其實這僅是身體的偏性被真實反映的結果，並非一般所謂什麼「好轉反應」或者「排毒」，也不是什麼「過敏體質」的症狀，就是胃氣不足，就是不能生血、養血，「非吃不可」與「少吃為妙」的食物沒弄對，如此而已。如此改善速度，快過市面上絕大多數的醫療或藥劑的效果，卻又僅僅做了飲食作息的小小更動而已。許多一般認為難解的困擾，在正確的飲食作息調理下，大事化小、小事化了的可能性，非常的高。又或者，有的人覺得喝下太極米漿粥後，口中有泛酸或是泛鹹等異味，也只是在把飲食的內容照我的建議調整後，甚至只是再堅持喝上一段時間，肝系統或是腎系統的功能上來了，狀況也就消除了。因此，很多朋友覺得好多毛病很難解，或者不明其理，其實我認為：先堅持喝起太極米漿粥，每餐把白米飯吃足了，養生功夫做到位了後，再來看看我們還有什麼需要調整的，或就醫，或用藥，都來得及。

至於像一般家長經常關注到孩子的視力問題，其實，眼球也是身體組織，也是由一堆肌肉、血管與神經的結構交纏一起，也是中醫所謂心、肝、脾等系統的高級功能在此交匯。高度概括，不過氣、血二字，是不是一樣要先「養胃氣，護陽氣」？所以，雖然我常說「以中和偏」，大家見到這四個字，會念、會寫，意思也都明白，但卻沒辦法完全沁入到每一個聽聞者的心底、每一寸血肉，化為意識中核的一部分，實踐在每一次的行為裡。養胃氣、護陽氣，以中和偏，這是養生的至要，也是療疾的奧義，要邁入中醫大成的殿堂，這是一道必經的門檻。

養生與療疾，同樣注重先天與後天的影響。但是對療疾來說，更看重後天的影響一點，處理手法的針對性更鮮明一些。疾病，通常來自於後天環境與起居飲食的刺激所引發的偏性。在同樣的刺激下，每個人引起的病證可能略有差異，強度亦有高下，但依據根本的陰陽五行生克定義，大抵上仍有脈絡可循。畢竟《桂本》〈辨咳嗽水飲黃汗歷節病脈證並治．十四．五五〉也提過「脾氣衰則鶩溏，胃氣衰則身腫。」等語，單說一句「濕氣」，其實能引發百百種病證。這並非病機、病理截然不同，而在於先天、後天的交相影響十分複雜。更進一步來說：僅單論療疾，一位醫者甚至說不清楚陰陽五行都可以。事實上，這個現象在當前全球絕大多數的執業中醫之間，也不是新聞或罕例了。只要背誦得了條文，老實照樣本開方，幾個重大的毛病不要犯，難病、重病、急病不要接，苗頭不對趕緊把病人送進西醫院，也不至於完全治不了病，至少醫不死人。所以在臨床上，或者說得更清楚點，在執業上的問題，不大。但一位醫者的醫術如果想要再上一階，甚至能到達所謂醫家的層次，有所大成，則陰陽五行、五運六氣，必須精熟，絕不可免。在臨床上，一位醫家如果能夠先洞悉病家的先天體質、後天習性，配合該年天候特徵，預先測算到病證與療效的後續可能變化，盡早準備，或是醫囑提點，或是用方進退、加減，即是所謂「上工治未病」，掌握病氣將要怎麼傳變的一種體貼病家之心。前人曾說「用藥如用兵」，我說：抗病如抗敵，戰鬥之中，必要經常預測兩步、三步後的變局，所謂：制敵機先。對一位勤於臨床、希望此生在醫術上有所成就的醫家來說，先天體質的認識，這門功課，該修。

養生對於「先天」的部分關注得更多一些。與生俱來的體質，基本上少有大幅改動的可能，而縱使有所謂體質的偏性，但仍不脫人體生理的「正」與「常」的連續動態變化。因此，如何在現有基礎上，善用體質所長，過盛之處予以轉化，不足之處適度拉擡，將可預見的問題輕減，是養生更能多加著力的部分。透過許多實例，我們認識到：真正的體質幾乎不能被改變。好比香蕉果實的本質是假果，透過品種改良等手段，大約可以改變他的植株一定程度的或高或矮、果實某個範圍的或酸或甜，卻也不可能透過所謂品種改良等手段，突然讓香蕉結出真果；如果有一種長得像香蕉的真果，則必須被歸為「不同的物種」，而不是被描述為「香蕉的體質改變了」。較精確的說，「透過品種改良讓香蕉原本的特質變得更適於生存或銷售」，這種程度的「調體質」，才是我們可以預期，並且可以達成的效果。至於我所謂「養胃氣、護陽氣」的養生與療疾重點，這是根源於「人」這個物種的基本結構與功能的需求之下，高度概括所得出的結論，自然是不分人種或年齡，不分各種先天或後天偏性特徵，人人皆可適用的大法。

我們在醫術上所追求的根本，是一種「常序」。對於我們這些個黎民百姓來說，要與我們的肉體和平共處一生，合作愉快，則更必先與我們這位朝夕相處的老朋友知己知彼。這支意識與肉體一生的共舞，不只是要做到舉手投足間不犯差錯，點拍不誤，更要舞得曼妙，舞出韻味。我們首要知道的必然是：常序為何？這也是我們先透過介紹「太極米漿粥」來點出的主題；而接下來所謂「從A到A＋」的過程，則是體質微調的工夫了。所以，在常序之下，更要貼近我們自身的需求與特徵，經常知道我們當如何保養自己，把重點畫對。這是知道我們「為何要養生」，以及「如何來養生」的一個必要的學習過程。

常序之下，偶有權變。當身體恰有違和、不足時，療疾幫我們「開源」，養生助我們「節流」。若勤於節流，出入相當，也不必如此汲汲營營開源；若開源有術，又本於節流有方，無形的健康財富自然日積月累，豐盈有餘。古話有云：勤能補拙，儉以養廉。重養生勝於勤療疾，實為美德。

養生不具針對性，但並非不生效果；療疾強調針對性，更必經嚴謹辨證。在序與變之間，希望透過本書，可以帶給朋友們更清楚的養生觀念：重新定義「體質」，在陰陽五行學說的體系內，根源《內經》的架構，結合《本經》的邏輯，補完《桂本》在「平時養生」區塊的醫術論述。

第二章

以化萬物

——五行如何化五形

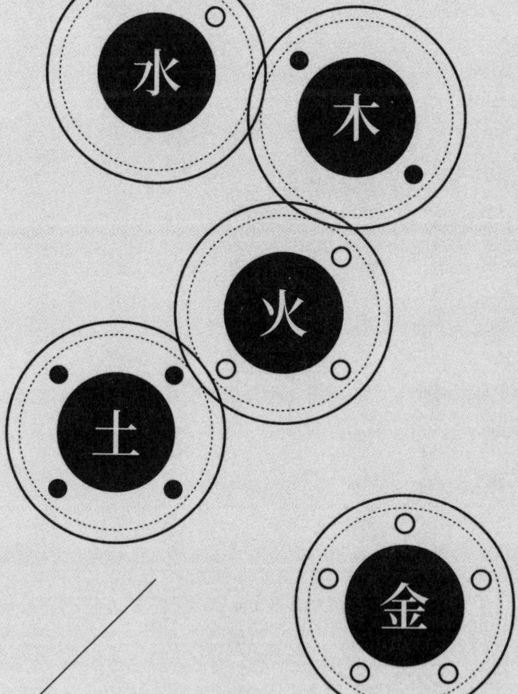

○●○●○以人為本思考五行應用

就各物種的比較來說，人歸於土屬性。而在同樣「人」的物種分類下，個體又有五行觀點上的偏性不同。一如有的櫻花色偏紅，有的則色白，或有的芒果品種偏酸，有的則較甜，各自展現生物的多樣性，皆為正常。此屬「先天」的常模表現，也就是一般提及，真正應屬「體質」的部分。至於透過飲食及其他來自環境的刺激等造成的偏性，特別是足以影響人體先天的功能與結構者，這是源於「後天」，多屬「病證」，大半也屬於醫藥可治療、養生可預防的範圍。又如我們常聽到用寒、涼、溫、熱來區分我們的體質，但是，這種所謂的寒、熱體質卻又可以透過後天來調理，中和偏性，甚至能做到澈底改變，那麼我們依然將其定義為病證，亦非真正的體質。寒、涼、溫、熱有其變，找到時變之中的常序，隨證處方皆可調。因此，我所談到的養生辦法都適用於多數人，乘於「正」而御於「變」。但天生五行的偏性不容易更動，好比兔子縱使能跳得再高，仍不能如鷹鷲般翱翔。

針對每一種常序下的時變特徵，我們需要透過認識自我，知悉個人的加強重點，運用食物、藥物的物性，化為飲食、方劑等方式，調整偏性的過與不及。後天病證帶來的偏性可以調整至復歸正常，但我們屬於先天的體質偏性，本來即是正常，更可做為權衡其人功能是否正常的指標之一。好比某人偏愛甜食，只要身體功能與結構正常，食必天然，配伍得宜，我們也無須強加禁止，硬要令其人變得愛吃酸，或者恐嚇其人「吃糖致死」；反倒是，如果其人某日突然拒吃甜食，只愛苦味，則可能是病證的表現。《桂本》有云：「肥人責浮，瘦人責沉；肥人當沉今反浮，瘦人當浮今反沉，故責之。」（〈平脈法第一・一・三七〉），其人肥、瘦都是常，並非病證；對不同體質之人，其脈象浮、沉的變化評價，當各有不同。又好比，《內經》提及「人生十歲，五藏始定，血氣已通，其氣在下，故好走。」等語，這代表的是一個正常人體的功能與結構在十歲左右時普遍呈現出的體質特性。所以，如果一個年約十歲的孩子極不愛跑跳，常整天呆坐不動，甚至偏好躺臥，那肯定不對勁，因為「六十歲，心氣始衰，若憂悲，血氣懈惰，故好臥」這是大約六十歲人體的體質特徵了。像一年有四時，一定是照著春、夏、秋、冬來變化，只是，有的冬天可能不那麼冷，有的春天可能涼一點。但冬天到了盡頭，一定接著春天。自然諸象縱有千變萬化，但鮮少無理可循，或任意超出常度。這即是我所謂的：序中有變，變中有序。探討「序」與「變」的關係，就是中醫本於陰陽五行，用極其簡單的歸納與分析結論，卻能洞見各種千變萬化人體健康與疾病關係的奇妙之處。

《內經》〈陰陽二十五人〉章節，千百年來已有無數人嘗試解讀。雖然可知其然，但除了根據原文描述，依人體外觀判斷外，尚缺乏一套較為清楚而準確的邏輯可供操作。畢竟若只依外觀，很多描述可能還存有不確定性，爭議也較多，無法實際應用。在此，我大膽提出我的看法：借助五術之命術，首採四柱論命手法，定錨日柱，以日干為主，日支為輔，為整篇〈陰陽二十五人〉明確出一套合於原文描述，又具有邏輯操作的系統化方法。經我的驗證，的確可行，故在此提出，為進一步解密《內經》拋磚引玉。

就算是大環境的四時變化，我們仍可透過《桂本》所揭櫫的五運六氣邏輯規則，進行推算演繹。他的可信度，我已在《太極米漿粥》書後附錄中依法操演，自我成稿的公元二〇一六年，將二〇一七至二〇二〇年的預測內容公開並實證過了。我在《物性飲食》中辨識物種的物性時，使用許多輔助的辨法，例如查找物種的生物分類科目，觀察物種的外觀、習性等項目，花了不少功夫在旁敲側擊上頭。但在對於人體的推算上，雖然人體是高等生物，複雜的生物個體，相對來說，卻可能反而容易多了。畢竟我們對五年內時時變動的天氣、疫病流行趨勢都能測算，要算起個人天生不變的體質，理應沒什麼困難。我們這套直接源於《內經》、《本經》、《桂本》的古經方中醫學理體系，能耐當然不止這一點。能用以推算天氣的辦法，當然亦能用以推算體質。畢竟人體亦是所謂「應天時」而生，也就是說，人體必定與其誕生的該當時段之天地環境特質，有一定程度的同質性可供類比。

根據《桂本》序言「夫天布五行，以運萬類，人稟五常，以有五臟。」而進一步引用「分形（Fractal）」與「自相似（Self-similarity）」等數學原理（請參考《太極米漿粥》四四、四五頁），我在《物性飲食》將其用以架構物性理論，在本書中，亦藉此架構人體體質的基本與變化邏輯的知識體系。附帶一提：曾有朋友問到，這套推算邏輯是否也可以用在貓狗寵物身上？我認為基本理論是可以的，但是操作細節上畢竟與人體略有出入。至於細節上又是如何出入，本書為了聚焦，暫且不論，先交給各位飼主自行揣摩了。

同於藉天干地支紀年做為五運六氣的推算依據，對體質的推算根本，也是使用天干地支的紀元系統，但在此參考了「紀日」環節。這也是之所以為什麼我認為必須要關注「曆算」的理由：曆算的學術內容與陰陽五術的應用，息息相關。這套自古以來即不斷使用、改進的曆法，不但可以顯示出每一年五運六氣的節律，防範可預見的天候變化與疫病流行於未然，還可以透過紀日來顯示出個人的體質，做為個人養生保健的參考依據。這是當前世上各地方、民族仍在使用的曆法中，實用意義最特殊、最豐富的一種。附帶一提，我們在《物性飲食》其實也隱約使用了「紀月」的概念，來描述對物性的觀察與分析的邏輯線索。只是實際的「紀月」較為複雜，細節也略有不同。不如以產季的四時概念來區分，尺度較合適，也比較容易理解與操作。若應用於農林漁牧中，欲藉此掌握作物適當的種植、養殖、採收等節律變化，則要另外專文來談了。

在陰陽五行的哲學觀點，天地萬物，每個整體皆可畫分陰陽二極，都能根據五行偏性歸類，有其功能必有其結構，反之亦然。**我們根據「陰」與「陽」的化分，各有「血」與「氣」的特徵，產生「外觀」與「習性」、「結構」與「功能」等不同樣貌**。當然，就五術中的命術或相術來說，可以再往下探討更細微的秩序與變化，但是對醫術來說，掌握五形本命，再加乘五形兼形，已經夠用。**認識自己的五**

形本命，可以預先了解自己身體甚至情志上的傾向，做好保健調養的準備。有的人在冬季入春時特別容易感冒，有的人在大忙一陣之後常生大病，有的人就算曬黑了也能很快白回來，有的人走路偏快，有的人天生就帶點憂鬱氣質，有的人在藝術領域表現出色，有的人對跑步、跳高拿手。許多「這個人為什麼有這種特質、反應」的理由，昭然若揭，一目瞭然。這些個體差異，就算是出於同一對父母、在同一個家庭環境長大的幾個兄弟姊妹之間，都有明顯的差異，很難單純以「基因遺傳」、「後天教育」來解釋。就各個面向來說，「知己知彼」至關重要，而知己的首要，其實就在四柱八字裡。

在本書中，雖然採干支紀日定位個人體質的五行屬性，也一併描述到個人的情志特徵及常見的行為模式，這些部分與命術有相當程度的互通，雖然有些推導的過程與結論，看來有些像是一般坊間的命理書，但是那不代表我們已經在跨行談論命術、山術，而這也不是本書的寫作目的。因為，對於情志方面的身體感來說，《內經》與《桂本》都有許多相關的論述可以提出：人體的功能影響情志，情志的變化也影響人體的功能甚至結構，可與病證直接關聯，據此以為診斷或是療效的參考。《本經》中對食材或藥材影響人體情志或身體感的描述，也散見全本各處，不勝枚舉。本書雖然不是命理書，也並非旨在教大家怎麼修道，但對醫家而言，同時關心人體的身與心，講究兩者的協和與並進，這是必然的關切焦點。

接納當下的自己，包含身與心的所有狀態，承當其所有責任與後果，對習醫的過程來說，是一門必須學習，也是最應該學習的功課。所以，縱使我們在此的主題不是談命理，其間的本命體質推導過程也可能與一般常見的命術操作略有出入，但既然這套方法的確可以呈現我們的體質特徵，更是基於醫術的角度來建立的論述，則最終的結論必然不脫事實，也與正確、精細操作下的命理看法，無論是源於中國的紫微斗數，或者西方的十二星座命盤，必然多所共通，甚至更能針對保健養生提出具體、準確的建議。對命理有興趣的朋友們，不妨也可以做個相互的對照參考。

○●○●○五形本命公式

依據陰陽五行邏輯，每個人出生那一刻的年、月、日、時，就像架設起一棟房子的四條大柱子，有如撐起高度概括論述其人一生內容的綱要，此為「四柱」。每一柱都各有一個天干加上一個地支來描述其性質，二四得八，所以共有八個文字，合稱「八字」。俗話說「八字還沒一撇」，通常指的就是這個八字。由此可見：知其八字，便足可論斷其人的天性與生涯的大走向。要知道這棟房子蓋起來像是什麼模樣，人的一生行止的大綱、常習，若能先知其四柱八字，便可預先明白梗概。

八字的不重覆排列組合共有五一八四〇〇種，若再加上考慮男女有別、長幼有序、尊卑異論，則僅此已可傳達超過四百萬種的八字原始樣貌。加上隨著日後在天時與地利以及人為的交互影響，參數越精確、完整，能據以推論的內容也就越深入，基本上已經足以呈現人文社會中，生物多樣性（Biodiversity）的特徵。也無怪乎唐代文學家韓愈稱此為「百不失一二」的一門學術。當然，在這部分的知識範疇裡，世界各文明皆有相對發展成熟的命理學術可供研究。彼此之間各成體系，做成的結論也可彼此相通，不同角度所得出的分析歸納結論，交相參照，通常也是若合符節。換個角度來說，對個人天生體質的偏性，命理上普遍都可以做到一定程度的清楚描述。所以在此我們只單論以四柱八字分析個人體質偏性，不套用紫微斗數或十二星座命盤的操作體系。因為，這樣的操作法最容易與《內經》〈陰陽二十五人〉論述進行對照，相互援引。有了命理的「知其然」，再加上醫理的「知其所以然」，我們將能夠更務實的把這些資訊推廣到養生與療疾的應用層面。

四柱對於一個人的本質，從疏而親，遠而近，描述了在四個大方向上所具有的天生偏性，以及對於個人在偏性方向上高低不等的影響力。每一柱的天干與地支這兩個字，因為各含有五行上的不同屬性意義，兩兩相乘，又對同一類別的偏性做了更細微的描述。有了準確的生辰，自然就可以得到足夠準確的四柱八字，據此判斷其人的天生本質與偏性。不過在這裡因為我們需要明確主題的關係，同時因為篇幅有限，不適合做出完整列表，也不適合展開太複雜的八字運算說明。

一個折衷的方案是：根據其人出生時的公元年、月、日，依照下面的方式運算，可以得出一個數字，再以此定位出該日，也就是「日柱」所對應的天干與地支，即為「日干」與「日支」。對於在這邊我們所談及的簡化版本命術加上醫術的應用來說，日干代表個人最核心的本命，與其人個人本質最相關的描述。我們若能以此為據，進行判斷，便足以比較準確的得知個人體質屬於五行哪一種五形本命，也可以得到相當不錯的準確描述。再來，與日干配合的是日支。日支在日干五行的基本調性上，再藉五行特徵微調本命偏性的強弱。五五相乘，得數二十五。原本在命術中，日干與日支還另有不同的陰陽五行操作，但我們在此僅聚焦於醫術應用，故此處暫不多做申論。以命術來說，日柱與其他三柱偏性產生不同強弱的綜效，影響人體由外在至內在的各項表徵，故若只單憑日柱來論其人整體特質，多少仍有不足。不過，因為準確度並不受影響，因此在個體本質的參考意義上，還是有其價值。我們在此將相對影響最輕微的時柱直接略去不談，也是基於這樣的理由。

附帶一提：以天干地支做為紀日的歷史，我們可以回推到最少兩千八百年前的商代便已經開始，期間從未因為改朝換代、改元等變故間斷，也從未更改過推算方法，可說是目前全球人類文明截至當前為止，唯一累計擁有超過兩千年的歷史，並且仍在被廣泛利用中的紀日法。也就是說：兩千八百年來，干支紀日因為並不受到任何曆法變化的影響，有如以干支紀年一般，所以，我們對於往來兩千八百年之中任何一個特定的日子，都可以做出準確的描述。其間所累計出來的樣本數量，自然也非常可觀，當然更極具參考價值。至於干支紀年與紀日為何原理相同，但又與紀月的原理差距較大，這牽涉到了天文學以及曆算專業的相關內容，還包含對於曆法演變及改元等歷史因素，內容非常龐雜，容我們在此且按下不表。總之，就結論而言，目前我們所稱為「農民曆」，或簡稱為「農曆」的曆法，既不是陽曆，也不是陰曆，一般稱為陰陽合曆，而正確來說，則是一部結合太陽、太陰、干支三種曆算法合一的綜合曆。在目前尚為世人所普遍應用的數種曆法中，可謂獨步全球，更為各種古文明中所僅見。農民曆除可適用於農林漁牧作業之所需，更可應用於命術、醫術（請參考《太極米漿粥》九〇頁）操作實踐，於紀元功能之外，與人民家常生活結合的意義非常深遠。

像這樣，由天干與地支做出的六十種不重覆並有限的組合，且往復循環不停，更可推算出其等比例自然數倍數的數學規律，通常我們將其稱為「可公度性（Commensurability）」。簡單的說：在相同時間單位的整數倍數下，我們都可以發現高度相似的狀況不斷重覆發生。例如：公元為太陽曆，每四年有一次閏年周期，太陰曆的日期每十九年與太陽曆的日期重合，故當每七十六年，兩者的最小公倍數出現，容易產生極為相似的天象、地理、人文的變化，這也正與哈雷彗星每七十六年運行至距離地球最近的軌道位置的周期相同，因此哈雷彗星被稱為「掃把星」，認為他的每回出現都帶來一樣的事件，兩者之間可謂不無關聯。事實上，任一年與其七十六倍數的該年，兩者都可以找到類同的節律。中國從先秦兩漢時的曆法起，便以十九歲為一章，每四章為一蔀（音同「布」），一蔀即七十六年。這樣的定義法則，也不能說僅為偶然。「十九」其數不可因數分解，單獨看來似乎與其他質數的周期不易產生關聯，但是在碰到「四」的倍數相乘後，卻又能呈現出另一種循環特徵。「四」其數在我們對數術的看法，對應土屬性，代表的生態為「往覆」（請參考《物性飲食》上，五五、五六頁），看來似乎亦頗有幾分意思。此類現象的描述，我們可以概略的將其類比，視為對事件在時間軸上的「分形」表述，也因為不同的事件在等倍周期的時間軸上出現時，其特質均具有一定的「自相似」性，更符合《道德經》所云「獨立而不改，周行而不殆」的大道法則，很完善的提供我們在命理範疇中，對個體描述進行高度概括的線索與邏輯，以及與醫理學術架構聯通的可推廣價值。若再加上各種不同周期的交相影響，看似簡單倍數的往復循環，又可交匯出複雜的樣貌，呈現生命變化的多樣性，各具獨性，卻也別無二致。《內經》〈陰陽二十五人〉的表述，體現了「山、醫、命、相、卜」源於陰陽五行學術，為一具有系統性、可供反覆驗證的知識，更證明了命理並非僅是出自數據統計，亦非供作操弄人心、訛詐，或者刀切豆腐兩面光的江湖話術。在合參至醫理觀點之中後，道、理、術更形圓融、自洽。

目前市面上有很多方便的工具，可供我們查找公元日期與日柱干支的對應結果，手機、電腦上都有，早已不必筆算、查表。原則上僅是需要一個機械式的運算轉換而已，不涉及判斷與分析，所以通常結果應當都是正確、可信的。我們在此不特別做建議或推薦，只要操作上就手即可。但基於本書在閱讀與使用上的便利起見，我們還是借用了坊間常見並且容易操作的其中一種，列於後方，謹供參考。如果朋友們對於古人的健康與五形本命有興趣，想要進行個人研究，像是：秦始皇、漢武帝、邱吉爾，或是麥可．傑克森，那麼你可能需要一套比較專業的萬年曆工具，加上史料書籍做為協助，確實掌握曆法轉換上的細節。原則上，只要生日正確，都可以推算。

這套工具概略來說，由公元一五八三年起至二四九九年都可以適用。詳細一點來說：在一五八二年的十月十五日之後，都可直接查表換算。但是在此日期之前，因為這套現今普遍稱為公元的格里曆（Gregorian calendar）在曆法上經過一次重大變動，所以在換算時必須修正部分計算過程。這裡面牽涉到較專業的天文與曆算的知識，我們在此不多做說明，在應用上只需知道這件事情就夠了。對轉換算式為何如此設計有興趣知其所以然的朋友，不妨參考其他有關曆法的專業資料。

掃描 QR CODE，立即算出五形本命體質，或使用五四頁至五七頁的換算表和說明進行計算。

日干換算表

日期				月份				年份後二位數				年份前二位數				N
0	10	20	30	8				00	02	21	23	16				0
1	11	21	31	9	10			04	06	25	27			21		1
2	12	22		11	12			08	10	29	31		19			2
3	13	23						12	14	33	35					3
4	14	24						16	18	37	39	17			24	4
5	15	25						01	03	20	22			22	15	5
6	16	26						05	07	24	26					6
7	17	27			3		閏1	09	11	28	30		20			7
8	18	28		1	4	5	閏2	13	15	32	34	18				8
9	19	29		2	6	7		17	19	36	38			23		9

日干對應表

1	2	3	4	5	6	7	8	9	0
木		火		土		金		水	

日支換算表

日期			月份				年份後二位數							年份前二位數				N
24	12	0	11							07			00					0
25	13	1					14											1
26	14	2			4	閏2					05					19	16	2
27	15	3			6	2		12				03			22			3
28	16	4		8					10									4
29	17	5	10										01				15	5
30	18	6	12				15			08						18		6
31	19	7			3	閏1					06				21			7
	20	8			5	1		13						24				8
	21	9		7					11			04						9
	22	10											02				17	10
	23	11		9						09				23	20			11

日支對應表

0	1	2	3	4	5	6	7	8	9	10	11
水		土	木		土	火		土	金		土

日干

一、依照日期、月份、年份後二位數、年份前二位數，找到各自在「日干換算表」右方對應的「N」值。

二、年份後二位數大於「40」者，除以 40，取餘數。

三、所有「N」值相加，大於 10 者，除以 10，取餘數。

四、餘數對照「日干對應表」，就可知日干本命為何。

日支

一、依照日期、月份、年份後二位數、年份前二位數，找到各自在「日支換算表」左方對應的「N」值。

二、年份後二位數大於「16」者，除以 16，取餘數

三、所有「N」值相加，大於 12 者，除以 12，取餘數。

四、餘數對照「日支對應表」，就可知日支兼形為何。

例如：一九八八年的十二月十一日出生。

日干計算：十一日 N 值為 1；十二月 N 值為 2；年份後二位數八八，大於 40，除以 40 後得餘數八，N 值為 2；年份前二位數一九，N 值為 2：

1 ＋ 2 ＋ 2 ＋ 2 ＝ 7 →**日干本命 7 金形**

日支計算：十一日 N 值為 11；十二月 N 值為 6；年份後二位數八八，大於 16，除以 16 後得餘數八，N 值為 6；年份前二位數一九，N 值為 2：

11 ＋ 6 ＋ 6 ＋ 2 ＝ 25；25÷12 ＝ 2…1 →**日支兼形 1 水形**

註：閏年該年之一、二月，請參照「閏 1」、「閏 2」欄位。

第三章

《黃帝內經》

——〈陰陽二十五人〉概念簡介

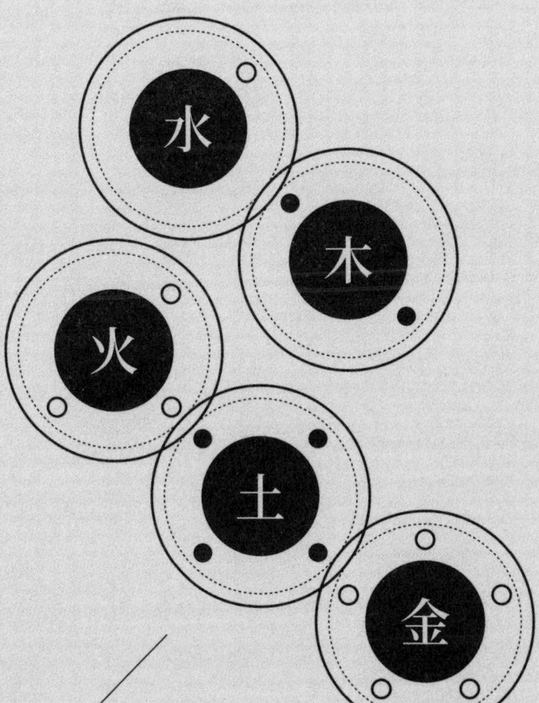

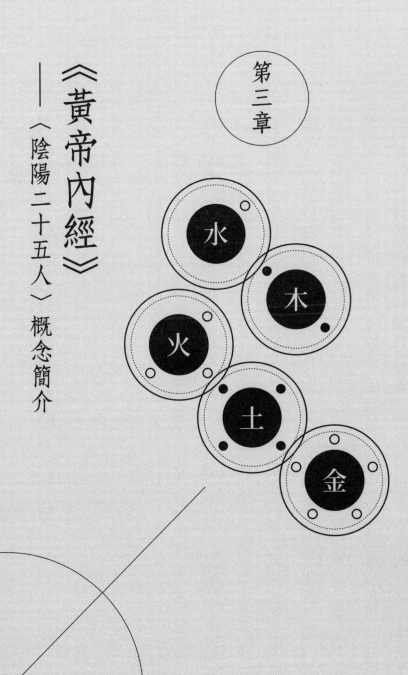

○●○●○五形本命的特徵看法與應用思考

通常我們的外形特徵，較少有人純粹的僅表現出五形本命而沒有兼形的影響介入，因為單就日柱來看，畢竟至多也只有五分之一的機率出現正五形的其中一種而已，更何況月柱、年柱，對於外形也還有一定程度的影響力，可能有人在八字中缺乏一到兩種五形特徵，但鮮少有缺少三種或以上的情況。所以，常見的情況是：日柱之外的其他因素也一同影響，形成我們最後呈現出的外觀樣貌。諸如成長環境中接受到的教養慣性、後天飲食、起居勞作、心性情志，對人體的氣血狀態都會起到變化，因此這些因素也都在一定程度上影響外觀特徵。若再加上外傷破壞，如現代流行非因傷病改變外貌而進行重建的整形、整牙等，皆屬之，則現代若要僅單純依據全身、局部外貌，或面部特徵辨識五形本命，已經很不容易了。但就算如此，部分屬於我們個人本命兼形的特徵，包含內在部分的情志活動，還是不那麼輕易的被影響，所謂「江山易改，本性難移」。若是資訊確實無誤，以出生日期所定出的四柱來進行判斷，比透過外貌或行為的推測，要來得更加準確。

在《內經》〈陰陽二十五人〉中，有「天地之間，六合之內，不離于五，人亦應之，故五五二十五人之政，而陰陽之人不與焉。」等語，我的解讀是：在天地之間的萬事萬物，都能夠高度概括出以「五」這個數字為架構的系統，我們人類也不例外，所以就有了五五二十五種人類天生體質偏性的畫分歸類。又因為已經根據陰與陽兩大特徵來區分，所以在此對於個別的五類特徵細節，便不再額外區分陰陽。

這二十五種人類的天生體質偏性區隔，若以陽的部分，根據日干，可分五類，而陰的部分，根據日支，也可畫歸五類。二十五人便是由這兩組各五類的要素相乘所得。進一步來說，「陰陽二十五人」本來就已經是五陽與五陰兩兩交乘的結果了。亦如《道德經》所云：「萬物負陰而抱陽，沖氣以為和。」一般於萬物的生成，必在有形的部分中，揉和以無形的特質，陰配陽，並在氣，也就是個體的功能與環境的狀態充分調和後，才得以存在。這也是醫術對於個人體質與命術的看法略有不同之處。因此，就一個完整的個體而言，首先看重陽，也就是功能的部分，其帶有的特徵為何。再來看到涵養此種能量的物質，也就是陰的部分，有什麼特徵。最後看產生陽與陰相互調和的結果。日干所謂的「干」，就是「主幹」的意思，而日支的「支」，則是指「枝節」。如此認識兩者的主從關係，應該更為清楚。

以下的內容介紹中，先引述《內經》原文，並在之後稍做直譯說明。這個部分屬於概念上的參考，無法逐字考據定案，畢竟《內經》成書距今約有兩千年以上的歷史，文中的語感與當今我們慣用的漢文有些差距，文中提及的部分學問內容又或已失傳，再加上《內經》並無善本可供查找、比對，在部分的文字細節上，難免有無法確認的難處，容易造成輕度的理解困難。像是在這邊用到許多篇幅描述的古代音律，這一套描述樂音的規則以及與五行、經脈、曆算等各種事物相對關係的學問，絕大部分的內容可說都散逸了，尚不能還原至可窺見原貌梗概的程度，所以我們在這個部分就只能選擇暫不深究。在《內經》原文的閱讀中，我們只要知道對於二十五形的分類中，五行的特徵與彼此間調和的概念，《內經》採用的是音律的規則來做類比，這樣就夠了。另外，日柱得出的日干與日支若都是同一五行，則只需參考本命描述的部分即可，遇日干與日支的五行不同者，再往下一併參考本命與其他四種五行的兼形結果。至於本命與兼形所交乘出來的音律指稱，因為尚不至於影響對本命與兼形的理解，故在此不予深究。這是我們現代在《內經》讀解上普遍遇見的障礙，很難完全免除。歷來各家在注解、講述《內經》時，不同的版本間，看法也往往存在很大的歧異，尚難存在普遍公認的定論。因此在譯文之後，我再加入一些我個人的觀點，僅為一家言，做為各位朋友研讀時多一項的參考。

《內經》原文在五形本命特徵的描述上，仍然包含有外觀與個人行為特質的雙方面描述，交織在文中。但也如前述所言，實務上，所有人的外觀與行為特質都受到來自多方面的影響，要能夠準確的「望而知之」，通常需要一定的練習與經驗。在這邊還是再次強調：畢竟我們的主題是醫術養生，不在命術批命應用，所以與健康養生或生理機轉較無關的部分，我們便捨去不做深入；明白自己如何更適切的照顧好自己的飲食起居，才是我們的重點。換個角度來說，相對於我們成年人，嬰幼兒在外觀與行為特質上的表現，所受的後天影響便少得許多。只要沒有受到太深度的醫藥，以及帶有強烈偏性飲食，像是：配方奶、食物泥（請參考《太極米漿粥》六〇、一五九、一六八頁）等影響，或重大傷病因素介入，對觀察及照護嬰幼兒而言，陰陽二十五形的分類論述，恰好是一項很有力的輔助。像是有的嬰幼兒可能比較活潑、好動，有的可能比較沉靜、好眠睡；或者有的怕吵，有的怕生；有的胃口甚好，什麼都吃，有的則食欲平平，較為挑食。這些都是正常的個人行為特質反應，也就是「體質」的一種表現而已，並不見得一定代表了什麼太強烈的健康方面的疑慮，可能無須特別警戒，也不必特別採取額外的對策，更不必操心擔憂，甚至不安、動怒，只須順其自然、保持觀察，乘於正而御其變，適才適性的發展即可。如此的內容應用方法，正在帶養嬰幼兒的家長們，不妨也一併做個參考。

通常在對照本命的描述時，我們約略可以從自己的身上找到在外觀、行為特質最少兩項以上的相符之處，一般來說，很少出現與自己的五行本命「一點都不像」的狀況。但因為人體是高等生物，結構、功能複雜，所以也並非完全不會發生自身現況與文字描述出入較大的情形。有的人在本命之外，先天其他的影響，或者後天的因素介入太多到一個程度後，也會發生「看起來真的很不像自己本命特徵」的情形。就相術來說，基於「相由心生」，就算原本天生吉相，但平常若沒有本持正心善念，導致其人的天真本性被掩蓋得太深，甚至導致轉而透露凶相，絕非好事；就醫術來說，在氣血不調的狀況下，這可能顯示其人健康狀況正處在低檔，或者正發生重病，又或者長期處在身體健康與情志不穩定的狀態，病證所帶來的偏性強過其人體質本性。像是，如果本命為金形的人，卻發現自己的牙根明顯外露，帶有火形人的特徵。因為火能克金，代表本命的金形偏弱，又被能予以刑克的火形掩蓋，表示金形原本較偏少的血分在大量外行後，轉呈現出火形的模樣。金形的體質明顯不足，那麼就更需要加強平時養血、生血的功夫來維持平衡。反之，若金形人能長出一些肌肉，身形的線條顯得不那麼容易看到骨節，也就是略帶有些木形人的特徵，則因為金能克木，木陰在受刑克之下還能得養，謂之有餘，這反而算得上難得的好事。但若太過，呈現土形人肌肉大塊、厚實的模樣，則反倒加重土生金的機轉，對肝木受刑克的狀況恐怕更加不利。又，長期處在重症狀態的人體，確實很難發胖，皮膚、肌肉很難維持飽滿、光澤與彈性，而服用某些藥劑或是接受某些治療的時候，可能有大量的脫髮，甚至直髮變捲髮等的大幅外觀改變。就算是五形本命中，外觀比較不易見到骨節的水形、土形人，也一樣常在重症之下變得瘦骨嶙峋，縱使就其與同樣重症的病人間來比較，可能還是稍微好上一點，但也著實不易判斷。因為這畢竟不屬於一般常態，所以還是要請教專家給予建議，比較妥當。

以下開始談到各種五形本命的概觀描述，以及在兼形變化之後可能有的偏性影響。裡面用到了大量對於陰陽（請參考《物性飲食》上，六七、六八頁）與五行（請參考《物性飲食》上，五五、五六頁）的基本定義、推理邏輯，以及配合於生理機轉時的想法，甚至還有對於飲食、作息調養建議時，選擇食材或料理時的物性、烹調思考理路，建議朋友們可以一併參考我所寫的《太極米漿粥》與《物性飲食》的內容，交相參照，相信更容易幫助理解與應用。

補不足，損有餘

五形體質養生操作的宜忌基本邏輯

實則瀉之，虛則補之。——《內經》〈三部九候論〉

勿虛虛，勿實實。補不足，損有餘。——《桂本》〈雜病例第五．三．七六〉

古經方中醫告訴你：有虛就補。例如，如果腎虛，就是補腎。見山還是山，道理其實很直白。而我們一再提到的「上工治未病」法則中，也可以看到仲景對操作這套生克補瀉，已經提出了很清楚並且可演繹的邏輯計算與操作秩序。所以為什麼我們紫林中醫說「我們最善於開補方」？因為學中醫的人一定知道：補藥扶正，毒藥攻邪之間，身體的正氣最重要；補方不但可以扶正，還能令病邪自除，這是最高明的境界。藉由開補方的效果袪邪，古來能做到的醫家已經不是很多；能做到的，普遍多被認為已經是具有上乘的醫術。所以我在《太極米漿粥》提及：這是「在平時，在病時，我們一生都可以倚靠的終極之道」；在《物性飲食》則告訴大家：搞懂食物的個性與偏性，家常飲食也能勝過珍稀大補。養生，當然是高端的醫療！

補瀉、攻守的法則，《內經》與《桂本》提到許多操作的原則與手法，如果用我的說法來表述，則高度概括為「下克為治，反生為補」。

《桂本》在「上工治未病」的論述中，曾提出一個很重要的原則：「虛則用此法，實則不可用之。」但是我們在家常養生的操作過程中，五臟彼此各自的虛實之間所交乘的結果，已是變化多端，若再加上六氣彼此干移，變化更不可勝數。所以，我們必須同時要對於虛證不足的補，以及實證有餘的損，都要有所認識，並且知道如何應對進退。

若以土形本命為例。土形人經常在體質偏性上，脾系統的功能、結構相對較強，也就是容易出現「有餘」的傾向，因此相對在日常的行為中，我會思考多採取「損」的做法，也就是透過「木克土」的邏輯：當脾陰較盛時，以木屬性的行為來對於土形本命常見的有餘傾向做出適當的修正，令其不致於太過，以免物極必反，可能反而容易招致虛損或是受到病邪。而日常中脾系統容易藉飲食維持強盛，亦即《桂本》

中所謂「四季脾王不受邪，即勿補之」（〈雜病例第五．三．七六〉），藉脾土的旺（「王」字通假）盛來進一步常保肝木的順治而不致虛損，招徠病邪，肝木之陽便得以獲得調理。令肝木之陰得以隨時藉刑克脾土之陰來補，卻又不致令脾陰轉虛。這就是我所謂在「相克」的邏輯上可以做出的應用思考，亦即「下克為治」。

而反過來說，若土形人在脾系統的功能或結構上，因為受飲食起居的不節等影響，已經招致略有不足，但又尚不及虛損至發生嚴重或複雜的病證之前，依我的思考，認為可透過「土生金」的邏輯，先一步提升肺系統的功能，令脾系統在功能提升後，必須接連帶動起肺系統功能的負擔得以減輕，如此則對於脾系統的功能補養與自我修復來說，便較容易有所助益。脾土之陽的狀態提升後，脾土之陰則更容易受到連帶的補養而提升。這裡談論的運作秩序即是根據於「相生」的邏輯應用，也就是我所謂的「反生為補」。

同樣的，本命屬性，在其相對應的五臟系統中，則無論生理結構或配合運作的功能，可以說是其人的強項，也是弱點。平常的功能表現中，這些同屬相關聯的五臟系統結構，可能看起來最不容易受損，功能也最旺盛。但是這些結構一旦出現受損，那往往都是格外嚴重的問題。就像一棟大樓的地基，應當是最為牢靠的結構，極不容易受到破壞。其餘的結構若遭逢天災、人禍，都可以在一定幅度下進行修補、再造；但是萬一地基出現結構性的損傷問題，卻往往難以修復，甚至必須整棟拆除重建。

好比說：水形本命的人，若是慣常吃冰、喝冷飲、喝咖啡、大啖青菜水果，習於熬夜，陽氣虛損，胃氣不足，將特別容易導致腎系統功能過勞，水不能生木，肝木代謝功能失調，形成水形體質人發胖的因素。至於餓肚子、吃瀉藥、催吐這類的惡性減肥，則因又導致胃氣進一步惡化，越減越肥，復胖反彈更強烈。甚至連帶皮膚也出問題，膚色暗沉、長痘子，內分泌混亂，腎水刑克心火導致心火不足，情緒鬱悶，把自己逼得胖到厭世。此時如果受到誤治，以為皮膚有狀況是上火，又用了苦寒瀉下的飲食或藥方，意圖清熱、退火，只會導致胃氣受到更嚴重的破壞，益加不可收拾。其實水形人反倒要重視陽氣的維護，首要「下克為治」，腎水克心火，讓體內生血的效率提高，透過血涵養腎陽。再來「反生為補」，腎水生肝木，輔以適度的四肢運動，活絡骨骼肌而溫通腠理，令肝系統的疏瀉力道提升，使腎系統更利於收藏津液轉化為水精入內臟收藏。「養胃氣、護陽氣」不但是養生的基本大法，這句話，對於水形人來說，還特別受用。進一步來說，這就是如何成功對腎補益的關鍵字眼。仲景之後一千八百年所有醫家未能究竟的「補腎」要妙，就在這六個字之中。朋友們不妨多多琢磨。

附帶一提：雖然我們在接下來對於各種體質的分析中，提及一些飲食、烹調上的建議，但並非意指「某種東西只有某種體質的人才能吃」或是「某種體質的人只能吃什麼」。這裡提示的，是五行生克在補瀉邏輯與實際應用手法上的展現。**對木形體質好的飲食內容，當然也是其他體質在需要調理肝系統時，同樣可以適用的參考。而各種飲食建議的節度，又必先以「五穀為養」等各項綜合性大原則為依準。**

陰與陽，五行本質的偏性，五臟循行的秩序，五行特徵的觀察與歸納的原則，我們在《太極米漿粥》與《物性飲食》中皆有較完整、有系統的分析，並且有多種角度的論述，散見全文各處，朋友們不妨一併做個參照。

○●○●○木形人本命

【主掌部位和功能】——肝臟、膽、心臟、筋、韌帶、血管、淋巴通道、指甲、眼球、部分的生殖功能

【季節狀況】——春夏較穩定，秋冬變化之際容易出毛病

內經

木形之人，比於上角，似於蒼帝。其為人蒼色，小頭，長面，大肩背，直身，小手足，好有才，勞心少力，多憂勞於事。能春夏不能秋冬，感而病生。足厥陰佗佗然。

直譯

木形本命的人，可比作音律中的「上角」，也可比作蒼帝。通常膚色帶有青色，頭部佔身長的比例較小，面形較長，肩背較寬，身形平直而少有曲

線，手掌、腳掌偏小，偏好較細緻的操作，善於靜態的事務，大肌肉的肌力較小，常為事務憂心勞神。身體狀況在春夏較好，在秋冬交替時較差而容易生病。對應於人體足厥陰，給人的感覺是雍容自得。

體質偏性在肝系統

木形本命，其人體質偏性在足厥陰肝經，身體的臟器或組織對應到：肝臟、膽、心臟、筋、韌帶，血管、淋巴通道、指甲、眼球等，以及一部分的生殖功能。在高級功能部分，肝系統藏魂，主怒；「魂」指的是把意識傳達出來的能力，而動怒則傷肝。

《內經》原文提到的頭、面等體形特徵，也代表木形人的體質，氣血在身體的肩部與背部比較充足，帶有木屬性蔓延的走向。身體表現偏性喜好多用肝系統的功能，便容易因為取之無節而過用，故此也容易因為過度依賴所造成的虛耗無度而累積成損傷，成為最容易發病，發病後也最不容易調養的區塊。木陰化生木陽，繼而成為肝系統功能運作的結構基礎，而木陰有賴土陰來養，所以脾系統的津液是否充足，直接關係肝系統的功能是否能夠受到支持而穩定運作。

木形本命的人膚色不見得都像青色那樣暗沉，但是可能血管在皮下的位置比較深沉，導致只有青色較容易從皮下透出來的關係。特別像是心臟，因為是由特殊的肌肉結構所形成的組織，直接與脾系統的功能是否良好休戚與共（請參考《太極米漿粥》六九、一二七頁），甚至可以視為巨觀的心臟代謝功能的一部分，所以在《桂本》中並不單獨談論「心包」，也就是今之所謂心臟的狀況。又因為心臟功能直接與人體氣血循環效果關係密切，若是脾系統的津液不足，以致影響胃氣無法完全支持心臟功能的運作，血管的彈性可能更差，在皮下的位置也可能因此變得更深沉，更容易只透出血管中青色光的波長，這或許亦可視做「其為人蒼色」的一種解讀法。通常因胃氣不足而導致肝系統功能欠佳時，人的氣色較容易顯出青色，這也是一個觀察的角度。

操勞性格恐傷腎

木形本命的人，普遍在眾人之前的人緣較好，自然對人群較具有吸引力。所謂的人緣好、有群眾親和力，這不見得外貌非要如一般所謂大明星級的帥哥美女般姣好才行，反而是較與個人身體特質有關。木形人通常手腳勤快，雖然較擅長使用小肌肉，大肌肉的力道可能略有不足，但是往往有把身邊大小事情一肩扛的傾向，所以比較容易操勞，靜不下來。木形人對於想做的事，常不斷的反復操作。但是有時若一旦碰上形勢比人強，出於非自願的中斷，心中的不甘無處發泄，恐怕也有礙心理衛生。就算「有志者事竟成」，但又因為腎主志，若是為了滿足於肝系統的過度耗用，恐導致腎系統被拖累而虛勞。

學會休做有時，多做伸展運動

木形人的慣性，常常是能放卻不太善於收，往往容易忽視靜養的需要與必要，以致於身體功能的負擔壓力特別大，常常忙過頭，導致肝功能已經虛耗了、出大問題了都不自覺。因此木形人每日作息最好是照表操課，醒睡定時，設定合理的工作進度目標，不急不徐，每日起居有節，強迫自己定時定量的休息，規律用餐，均衡攝取，運動的強度不必一味追高，游刃有餘最重要，就算只是散步都好過長跑。透過這一類強調節律的金屬性的生活型態來修正木形本命在木屬性功能上的過用傾向，損其有餘，才能達成較好的調和狀態。這對於木形本命的人來說，特別重要。

肝系統是所謂的「陰中之陽」，能將血轉生為氣，帶動起升發的功能，將原本沉潛在身體下層、裡層的津液與血液發散（請參考《物性飲食》下，七九頁）而出，也就是所謂的「罷極之本」（請參考《物性飲食》下，七三頁），具有「**疏瀉透發**」的本質偏性。因為肝主疏瀉，春夏的時候氣血秉陽氣而出的傾向加乘，健康狀況較為穩定，但是逢秋冬變化之際，令氣血向內收的陰氣便與之相左，健康上就容易出毛病。肝系統對於脾系統中的津液、血液很倚重，其次的重點，便是避免脾土受肝木刑克後，更進一步傳病至腎系統。當身無他病又過度依賴肝系統時，脾系統受刑克導至脾陰不足，再來便轉克腎陰。又因為腎是先天之本，主要影響壽命長短、老年的健康表現基礎，所以經常在年輕、陽氣正盛的時候，讓人感覺不到身體出現虛勞損傷的問題。待年事漸長，陽氣不足，整體虛損的問題突然排山倒海而來，中年之後的老化問題與身體健康衰退的感受特別明顯，也容易顯出老態，或者突然發胖，這些都是腎系統無力回收津血入裡的問題所導致的現象。

沒有一種天生就是胖子的體質，也沒有絕對不發胖的體質，但我們可以根據不同的體質偏性分析可能造成變化的原因，做重點預防。木形人如果因為脾系統津液耗竭而功能受阻，引起濕氣在體內不能代謝，常轉變成為《桂本》所謂「寒濕在裡」的狀況，可能引發黃疸，影響其他內臟組織功能，因此容易有脂肪肝、內臟脂肪大量增加的傾向。大強度的肌力運動需要更多津液與血液的轉換，較不利於肝系統「陰中之陽」的特質，也不利於「勞心少力」的木形人體質。伸展型的運動對心、肺功能的負擔強度較小，肌力需求也較小，主要目的在幫助筋肉拉伸、柔軟，即可溫通腠理，對木形人來說特別適合，並且也不容易因為高肌力強度需求的運動反而傷及腎系統。

○● 絕對不可廢主食

多吃米飯、蔗糖、青花菜，多用酸甜料理

依據「上工治未病」法則（請參考《物性飲食》上，九一頁）：「補用酸，助用焦苦，益用甘味。」養肝以甘味為益，米飯等屬於禾本科的穀類食物是為大宗，這對於直接涵養脾系統津液來補肝，有很明確的幫助；禾本科甘蔗所提煉而成的未精製砂糖，也對於安定補益脾系統的津液有利。所有人體都需要大量的主食來養胃，但木形人主食攝取若有不足，更加容易出毛病。黃豆、花生等豆科植物的果實、種子，可以讓腎系統的津液較容易獲得補充，這在間接令脾系統的津液耗損速度的減緩上，也有幫助。大致來說，天然、優質的甘味飲食對木形人都好，但若是食材的質地較不好化消，易增加脾系統化消的負擔，則就算性味屬甘，也比較不宜，像是：牛肉、牛奶、糯米，最好少吃，運化不開反而容易生痰，甚至導致腹瀉。

木形人若是已經出現肝陰刑克脾陰的傾向，通常變得不太看重吃，或是吃東西的時候，除非是特別偏愛的食物，否則容易偏食、不肯吃、吃得很慢，還有一種是什麼都只吃一點，可說都有興趣但也都沒興趣。到點餓了還是吃，不過就是按表操

課般，可以都塞進嘴裡、吞下肚，但沒什麼特別的美味感受可言，所謂的看起來「吃東西不香」。我碰過一個孩子，他媽媽說，這孩子從小吃什麼都看來不香。好奇之下，我掐指一算，果然這孩子屬本命木形。所以我指導醫師處方時，請他們稍微注重方劑之中健脾的功能，整體治療的效果便好上不少。家常飲食中，用一點像是：花椒、八角、橘皮，或是市面上常有調配好的「五香粉」。這些可以提出食材香氣，又不太過辛辣、氣味太重的香料，對於處理這樣的狀況也有幫助。

木形人只要脾胃津液足，通常代謝也就不易有問題，所以千萬不要對於身材過度敏感，特別是忌諱靠著不吃主食來減重。木形的體質偏性已經容易使得脾系統因為津液偏少而功能不夠旺盛，如果再少吃、不吃主食，雪上加霜，犯了《桂本》所提及「勿虛虛」的醫家大忌，腸胃功能很快就要崩盤。十字花科深綠色、微帶苦味的青花菜能夠令肝系統疏瀉的功能獲得和緩，減少心火與肺金交互作用時，過度作用而令肺陰減少，相對增加肝陰耗用傾向的問題。帶有澱粉質以及糖質的食材，在經過深度的加熱之後，像是乾煎、油炸、烘焙，產生焦香氣味，只要不過度調理導致變為苦味，若能偶爾取用，也有助於氣血沉降入裡回收。能夠再佐以少許的芸香科食材，像是橘皮、檸檬皮，微辛、微酸提香，效果更好。將這些要素拆開了表述，聽來有些讓人摸不著頭緒，但組合起來的料理其實並不罕見。像是原名「古滷肉」的「咕咾肉」，油炸透裡的裹粉豬肉里肌排透過酸甜風味的調理，佐上鳳梨、青椒等配料同炒。如果手邊找不到羅望子來製作滷汁，也可以改用天然紅酒糟來帶出醬色；若改以豬排骨入菜，就可以變化做成糖醋排骨，享受不同的肉質口感。如此調理不但同樣開胃、下飯，更是美味又有益的家常菜色之一。

木形人養生禁忌與建議

一、忌偏食

木形人對於愛吃的東西還是不會放過，但是這些愛吃的名單可能類別不夠全面，數目也不夠多，一旦偏食起來，真的很偏。所以在吃的方面，由不得木形人因為愛吃就猛吃。在每餐進食的時候，還是得特別把飲食的物性、配伍確認好，再入口吧。

二、忌懶散

木形人忙得很規律沒事，刻意放鬆、休假反而容易出毛病。過忙對身體的負擔很大，過於閒散同樣容易讓木形人生病。

別想著憋到放假的時間再來猛睡大頭覺，整天癱在床上。休閒的時候做些低強度的身體活動，反而更有助於消除疲勞。

三、忌少吃主食

木形人如果沒有嚴重飲食作息問題，通常不大會發胖。所以千萬不要對於身材過度敏感，特別是忌諱靠著不吃主食來減重。肝系統的天生偏性已經會容易使得脾胃功能不夠旺盛，如果少吃了主食，雪上加霜，犯了「勿虛虛」的醫家大忌，腸胃功能很快就要崩盤。

四、忌死纏爛打

木形人對於想完成的事，異常的有決心。但是有的時候會流於死纏爛打，不夠識時務、明進退，千方百計就是想要弄到手。如果一旦碰上形勢比人強，不得不放棄，心中的不甘無處發泄，恐怕也是有礙心理衛生。就算「有志者事竟成」，但又因為腎主志，為了達成肝系統的過度暢旺，腎系統會被拖累而虛勞。

木形人的兼形變化

木兼水形

水能生木，水曰潤下。水屬性的人較不積極好動，卻又對於因外界刺激而生的思慮較敏感。木兼水形則令水系統經常擾動木系統反應，水陽生木陽，沉潛與升發同時作用，形成頻繁出入升降。常容易陷入做事、想法等，較多變、不直接，做了又停，反反覆覆。若是津液不能獲得妥善涵養，腎系統缺乏津液而燥，膚色通常也更為暗沉。雙向調節的通道在於人體，對應到少陽系統，反映在臟器組織上為三焦及膽，產生出來的能量則是少陽相火（請參考《物性飲食》上，七九頁），屬於有爆發性、一閃即逝的能量。

三焦、膽這兩種臟器極需要胃氣直接養護。如果經常過度空腹，或者飲食不節，又或者過食蔬果，米飯主食吃得不夠，三焦與膽的升降機轉容易失去尋常的節律，因而致病。除了需要特別重視米飯、天然優質的甜食攝取之外，同時配合多用溏心雞蛋，對於神經功能的平復、紓緩有不錯的效果，這也可以進一步幫助身體在神經過於緊繃的狀態下盡快調養、恢復。

木兼土形

木能克土，土曰稼穡。土屬性較多包容，能夠吸收來自多方的資訊，並予以整合。木兼土形，木陰得土陰轉化而養，雖然其人的個性常顯得隨和，但也有可能因為顧慮眾人的立場、角度更多，所以在對外表達上往往不輕易透露自己真實的想法。對於曾經答應一方的事情，有可能又因為事後覺得照顧不了另一方，故言行多有反覆，在自洽性上頗有欠如。如果飲食內容稍有不當，面色則比較容易兼帶黃色，這是土屬性的本色，欠缺津液而又氣機不足所可能造成的現象。因為脾土受肝木刑克，平時如果略有過度耗用肝系統的傾向時，一時片刻看不出有什麼大礙，但因為土陰將轉為刑克水陰，腎系統的津液容易在年紀漸長、陽氣較弱的時候，開始明顯出現不足，影響中年以後的健康狀況與體態，年老時更容易多發疾病纏身。

平時除了留意三餐定時、定量，內容攝取均衡，對於黃豆製品，像是豆漿、豆腐，可以更加經常攝取，加強補益進入腎系統的津液。此外，較有黏稠性質的食材，像是山藥、秋葵，能提高脾系統承受肝系統刑克的作用，藉此能夠較針對由脾系統可供轉入腎系統的津液做重點加強。

木兼火形

木能生火，火曰炎上。火屬性較善於表露個性，即知即行，想到什麼就做什麼，感受到什麼就反應什麼。木兼火形，木屬性加乘於火屬性後一同運作，更助長火形性特色的展現。其人的做事反應態度通常更顯積極，甚至可能有點急躁、較缺乏耐性，喜惡反應也特別明顯。平時氣血若是充足，面色較容易顯得紅潤、有光澤，但如果性子過急，耗血過多，氣色就可能看來有點偏蒼白，或者在曝曬於陽光下後，膚色變黑而不太容易白回來。發散太過而缺乏收斂，過猶不及，所以日常作息方面，首重休息、睡眠一定要規律，不可妄做。過度消耗體力而未能及時養陰，將很快造成內臟津液空虛。

在飲食方面，除了一般常模下的規律、均衡飲食，海鮮類的食材不妨多用，像是海水魚，通常肉質較細緻，油脂含量較高，都有助於透過「大質量分散能量」（請參考《物性飲食》下，九一頁）的機轉，協助身體回收過度發散的能量；另外像是洄游魚，如：鮭魚、鰻魚、柳葉魚、虱目魚，經常搭配食用，也可協助身體的氣與血進行往復循環，有利於功能與養分做更有效率的雙向調節。此外，同樣屬於水產，海帶、海菜等，天然帶有鹹味，又夠兼容於木屬性的深綠色海中植物，對於和緩身體氣血可能容易有但上不下的亢進傾向，也可以產生不少的幫助。

木兼金形

金能克木，金曰從革。金屬性的特質為輪廓較分明，習慣按照自己既定的規畫來走，不容易受到他人言行影響。木兼金形，因為其人在木形本命偏好實做、執行的基礎上，又加上貫徹規畫、意志的能力較強，所以在作事、想法上常容易顯得一板一眼，有時甚至讓人略為感到不知變通，比較不受人情左右。在兼形金形的配合下，面色通常較帶有金屬性的白皙，加上金形人的五官較立體，通常面相比較容易長得挺拔而好看，但若是血分較有不足者，五官則看來可能顯得不怒而威。

肺金刑克肝木，木陰化金陰，木陰的不足又轉為刑克脾土來求補足，脾陰的供輸需求大，脾陽可能顯得不足，對於比較不易化消的食物，像是油脂較多，或者質地較為柔韌者，例如豬肉五花、牛筋，感覺吃起來特別費勁。體質偏性較重者，可能平時就容易感到食欲不振，胃口不開。更甚者，還容易有「一補就上火」的狀況，對於補益肝陰來說可謂雪上加霜。透過蛤蜊、牡蠣，以及鮑魚等貝類，也就是有加強人體「太陰開闔」作用效果，含有天然鮮味的甘美食材，略經燒烤提香，對於幫助人體恢復功能節律，以及將津液在體內重新回收、提煉成為高純度的狀態，也就是水精，有較好的效果。將金陰透過飲食補足，而非側重藉由木陰來化，可以引導金陽生水陽，提高身體回收氣血的機轉，也就可以較有效的避免「一補就上火」的問題。

○●○●○ 火形人本命

【主掌部位和功能】——心、小腸、舌、瞳孔、血液、汗水、意識、記憶、情感、個性

【季節狀況】——春夏較穩定，秋冬變化之際容易出毛病

內經

火形之人，比於上徵，似於赤帝。其為人赤色，廣矧，銳面小頭，好肩背髀腹，小手足，行安地，疾心。行搖肩，背肉滿，有氣輕財，少信多慮，見事明，好顏急心，不壽暴死。能春夏不能秋冬，秋冬感而病生。手少陰核核然。

直譯

火形本命的人，可比作音律中的「上徵」，也可比作赤帝。通常膚色較帶有紅色，張嘴時，齒根較容易比常人露出得更多。面部的骨節看來較明顯，頭部佔全身的比例較小。肩、背、大腿內側、腹部的肌肉較結實，手掌、腳掌通常不大。走路平穩，性子急，走路時肩部擺動明顯，背上的肌肉豐滿。易因一時興起而不計財物，說過的話、心頭的想法常一變再變，多猜忌，直覺判斷反應快，重面子，容易妒忌，常因衝動出意外，甚至死於非命。身體狀況在春夏較好，在秋冬交替時較差而容易生病。對應於人體手少陰，給人的感覺是安於活在當下。

體質偏性在心系統

火形本命，其人體質偏性在手少陰心經，身體的臟器組織等則是對應到心、小腸、舌、瞳孔、血液等，另外，《內經》也有「五臟化液，心為汗。」的說法，對於汗水這件事，亦認為與心火的運作有關。或如前述引文，「矧」（音同「審」）也就是齒根，因為齒槽肉質受心火的運作，血中有熱，較燥，易導致牙齦肉質緊縮、不豐潤，所以牙根容易外露。在高級功能部分，心系統藏神，主喜；「神」指的是意識的原始核心狀態，而過喜則傷心。一般所說的記憶，或情感的觸發、人的個性，也都與心的高級功能有關。對照《內經》，火形人的體形特徵多表現在肩、背、大腿、腹部等區塊，這與陽的屬性，及土屬性的肢體區塊，較多關聯。因為心火沒有具體的臟器，所以借用土屬性的區塊來表現。

○● 喝酒須有節

火形人的情緒比較直率，個性鮮明，不太掩飾，常是心裡有話就脫口而出；聽信事情的速度快，但反悔的速度可能更快，在別人眼中看來可能就是較為寡信。對感受的表達很直接，往往一旦情緒上來，做起事便顯得急急忙忙、風風火火。火形人的情緒比較向外，在意別人的看法，也在意自己與別人比較的結果，故有時容易猜疑，有時又好面子。一旦有事情想不開，負面情緒也比較大，可能怒不可遏，口不擇言，甚至對規制、法則、刃鋒這些金屬性的事物視若無睹，不計後果的豁出去，所以也容易因此招致凶險，發生危難，即是前述的「不壽暴死」的意涵。

常言道「酒能壯膽」，酒氣入胃之後，濕熱的酒氣升提胃氣功能向上，膽道的下端閉鎖，造成肝臟分泌的膽汁停滯在肝裡較多，加強肝陰化肝陽的機轉，肝木生心火，所以人的膽子變大，心氣外行，什麼都不怕。平時若喝點小酒無妨，但是超過微醺狀態時，身體肝血大量散失，脾胃津液快速耗盡，心氣走而不守；待及酒退，大量散失津血後的內臟空虛，又容易引發濕氣大量湧入，造成水腫，或是所謂的脂肪肝等問題。再者，血少、血熱，而熱傳至與心相表裡的小腸，這樣的邪熱也容易引發痔瘡，這在吃多了辣椒、胡椒這類容易動血的食材，同時又吃下熱的甜食後，也有好發的傾向。另一個層面，則是容易酒後行為失控，肝木生心火導致心火太過，樂極生悲，有損心氣，不好收拾。對於火形人來說，喝酒還需要特別有所節制才好。

○● 有毅力，不執著

火形人若是因為某件事長期掛在心上，將如《內經》所謂的「思則心有所存，神有所歸，正氣留而不行，故氣結矣。」等語，雖說「憂思傷脾」是人人皆適用的通論，但對於火形人而言，火能生土，功能多轉為動用於勞思、憂思之上，甚至胡思亂想，使得脾土耗損大量津液、血液，更進一步致使脾土缺乏大量津血引導心火下行（請參考《太極米漿粥》一四七頁、《物性飲食》上，一八四頁），脾系統氣多血少，使得化消方面的功能也連帶受到損傷，特別是再加上飯、肉吃得不夠時，便容易造成脹氣。火形人做事情適合多統合大家的力量來進行，避免自己一肩挑，特別是適合專注於自己的專業領域，工作的內容盡可能的單一、專注，心無旁騖，收收心，這對於生理與心理衛生都好。火形人一般很少和人或事情「槓」上，也通常很少執著在一件事情上。雖然算是好事，但是對於一些生活中重要的作息習慣來說，往往可能因為沒有貫徹而看不到最後的成功之處，十分可惜。我常說，馬上做，正確做，最後還是要持續做，好的事情才因為日積月累，化生出好的綜效來。能夠找到自己有熱情也能夠專注的事情，並且堅持把事情做到位，透過這類帶有水屬性「立志」的行為模式，對火形人在較顯有餘的火屬性行為、情志上進行修整，將能夠幫助火形人把心系統的能量透過腎系統的作用，收藏得更好，在另一方面，對腎系統的強度提升，也有所幫助。

○● 尤須重視睡眠的充足與品質

火形人在身體表現偏性上，喜好多用心系統的功能，在長相上或者行為特徵上，往往是個性十足，給人的記憶度較高。但若是因過用心火而無節，也常導致虛損不足而生勞傷，反而成為體質較弱、容易發病的環節。火形人的肌肉可能因為疏於血液涵養，經常摸起來是較硬的，但倒也不致太清瘦，算是中等身材。火陰化生火陽，心系統又是所謂的「陽中之陽」，在人體功能上的表現非常特出。通常在討論人體生理系統的時候，我們又必會強調心系統的特殊之處在於：「心」並非心臟，也沒有實體的組織、臟器可供解剖（請參考《太極米漿粥》七一頁），只能透過全身的血液循行來達到傳遞心火的效果。心系統的本質我認為正好可借用《周易》所言的「**元亨利貞**」四字來表示：「元」代表全身能量的總源頭，「亨」代表通行全身無遺，「利」代表能暢達全身個別功能的作用，「貞」代表氣的本來面貌。心火的暢達，即是人體功能與結構本質的透發。血液循行全身，須透過肝系統推送，以利與脾系統連通之腠理進行氣血的雙向調節，其後在心下集中，藉由胃氣而與腎陽結合後，順降往下，受腎陰刑克至腎系統轉化收藏。在實務上，心火無臟可藏，其實是因為透過胃氣的協調之後，轉入腎系統，以腎陰的形態受到涵養了。

火形人如果平常生活規律，每日早早就寢，睡覺睡得好，血就自然養得好，基本上不容易有什麼狀況。但是火形人常常有很多理由讓自己的生活作息不規律，一旦失去睡眠養陰的調和，將容易引發虛燥熱的上虛火現象，像是扁桃腺腫大、痔瘡、牙根容易覺得痠軟，牙齦萎縮或出血。甚至因血虛、血熱而造成血虛生風，好發皮膚乾癢、脫屑等的問題。另外，比起固定的晚睡，也就是超過十一點後就寢的習慣，時而白天昏睡、時而深夜清醒的作息紊亂問題，更容易加重血虛、血熱，對健康的負面影響更大。及早就寢，睡眠充足，對火形人來說格外重要。

○● 充足胃氣以暢行心火

因為心系統並無實體的臟存在，故當病氣入侵時，常轉代反映發生為心臟功能、結構的病變，即《內經》「諸邪之在於心者，皆在於心之包絡。」其中的「心之包絡」即是「心包」，也就是我們現在稱為的「心臟」，這也是現代人解讀時經常混淆「心」與「心臟」的主因。心系統損傷則好發為心血管相關疾病，或心臟辦膜等結構上的缺損，最少，也容易導致出現心律不整等，屬於功能方面缺乏節律的問題。心臟功能在《桂本》中被整合到「心下」的範圍來討論，與胃氣功能關係十分緊密。因此，人體的胃氣三力（請參考《太極米漿粥》一一四頁）是否如實運作，也成為心火是否暢行無礙的重要關鍵，亦即我所謂「胃是心臟的門關」（請參考《太極米漿粥》一二七頁）的結論。

像是在《桂本》之中，心下區塊如果有水氣停滯在此，心臟功能容易出現異常，可能發生心動悸、脈象不整等的問題。當日常作息過度依賴心系統時，常因心陽耗用過多而顯得心陰收藏不足，心陰不足則刑克肺陰轉化，更使得肺陽不得肺陰來生，導致其人的功能節律少了肺金調節，又不能轉為腎水收藏，因此更有所不足。心火順春夏升發的季節而出時，較不容易看出有問題或是不足，但若時值秋冬，氣血收斂入陰，就格外顯出人體涵養功能的力道不夠，健康方面在此時就容易出毛病。心火如果缺乏肺金的開闔調節，維持循行的節律，便容易出現虛勞不足的問題。也因為心系統需要水系統來刑克，才能收藏，所以，對於腎系統補益，加強引導心火與腎水結合，令心火能在暢達之餘同時又能獲得涵養，便是體質養生的重點。

○●動物性膠質助心肺、養血液

火陰刑克肺陰，而肺陰在養生的觀點上，又是一環不容易操作的部分。因為肺系統雖有臟器可藏，但是收藏與調節身體的主要內容在於氣機，有形的津液或血液較少，不容易達成「大質量分散能量」的效果。依據「上工治未病」法則：「補用苦，助用甘，益用辛味。」的邏輯，常用有辛竄氣味的調味料提香，輔以甘美的食材，以些許的苦味調和相佐，是可以參考的飲食調理法。像是：將山葵磨泥後，用於燒烤得略帶焦香氣息、令油脂香氣已經活化的五花豬肉片上調味，便是一例。這對於啟動肺金功能的開闔運轉如節，將津液引領至上焦與心、肺作用，頗有幫助。另一方面，我們仿自《桂本》，若是欲以肺陰來涵養心氣，轉化為血的時候，除了重視腠理的雙向調節功能，還加強攝取像是動物性膠質的食材來做輔助。例如中藥材裡的「阿膠」，就是藥用之中非常被倚重的選材之一。

至於在家常的食材選用中，同樣屬於動物性膠質的，例如豬皮，特別是位於豬身部位屬陽的豬蹄尖，經由醬油或是鹽水，加入香料滷透後來使用，能補足肺陰的不足，又可藉由足夠的鹹味來引導津液入腎，強化腎水刑克心火的機轉效果，對於避免肺金受心火過度刑克，有很好的幫助。這是除了在加強肉類的攝取，以確保生血的材料不致缺乏的重點之外，亦可交互操作的思考。

火形人養生禁忌與建議

一、忌睡眠不定時

火形人的生活節律很隨性，很容易到了興頭上，樂不思「寢」，但是這可能引發虛火現象，令人口乾舌燥，生痰、發炎，甚至促生皮膚方面的困擾。火形人要養血養陰，就必須好好睡覺，特別是在秋冬之日，養成每日於固定時間入睡、晨起的習慣。

二、忌飲食清淡

火形人有的時候看來很能吃，有的時候好像喝露水也能過日子。在興致一來隨便吃的時候，很容易該吃的東西就會沒吃到。飲食不規律常常就會種下消化功能的問題，特別是飯、肉吃得不夠，造成容易覺得脹氣。

三、忌退火

火形人如果休息不夠充分，覺沒睡好，皮膚就容易出狀況，容易偏乾澀、有細紋，或是有慢性、反覆的疹子出現，最少，也會有口中容易產生異味的問題。這些都是虛燥熱的虛火現象。既然是虛火，如果用了苦寒瀉下的飲食辦法，暫時可能會覺得好些，但卻會把問題累積到往後，一併爆發。

四、忌過飲酒類

火形人喝酒的時候要多加留意，小酌即可，喝多了之後，胃中濕熱加重，引發少陽相火加乘少陰君火，對津液、血液的消耗大，容易造成更嚴重的上虛火現象，對肝臟、大腸都有比較大的負擔。下酒小菜少用辛辣的菜色，比較推薦鹹味、海產來佐酒。

五、忌錯誤減重

火形人通常不容易明顯發胖，就算有點胖，也是均勻，略顯福態而已，或者頂多有點小肚子，看不太出來。對於火形人來說，身上有一點肉是比較好的。如果刻意減重，脾胃出問題之後造成心火不能暢達，很容易出現情緒不穩定、憂鬱、失眠等問題，嚴重可能會突然引發腫瘤，或者心血管方面的疾病，甚至猝死。

平常均衡飲食，適度伸展四肢，心情保持愉悅，效果就很好了。

火形人的兼形變化

火兼水形

水能克火，水曰潤下。水屬性本來就較偏屬敏感而易衝動，受刺激後容易化生少陽相火而爆發，若再加上火形本命的體質偏性，其人又重當下的感受、情緒、氣氛，有時候在行為、情志的表現上，讓人感覺更加多慮，甚至疑心太重，容易顯得較情緒化。《內經》提及「帝曰：陽明何謂也。歧伯曰：兩陽合明也。」等語，而人體之中陽明指的便是胃，所謂的兩陽，指的可以是太陽與少陽，但也可指稱能生陽氣的兩種火：少陰君火與少陽相火。對於火兼水形的體質來說，胃氣能否「致中和」，便是維繫身體功能是否調和的首當要件。對於食材的選用上，豬肉一方面能夠涵養腎水，一方面又能夠協助造血而養心火，如果能夠選用腰內或里肌肉排，採用油炸的方式，以期能夠較大限度的去除食材的水氣，同時佐以由蛋黃醬（mayonnaise；請參考《物性飲食》下，二四二頁））為基底，加上較多的洋蔥、羅勒等辛香料，以及少許的檸檬汁與黃芥末醬來調製而成的塔塔醬（Tartar sauce），至於常用的醃黃瓜在此我們捨去不用，可改採芹菜丁來達成近似的口感與色澤，綜效也好。另外若是改選用新鮮魚排來調理，同樣能夠兼具美味與調理之效。

火兼土形

火能生土，土曰稼穡。土屬性的表現比較偏於安定、包容，若再配合上本命火形，其人容易顯得格外著重自身所專注思考的事物，甚至給人感覺與世無爭，以至於像是我行我素，甚至專注得有點近於固執。火陽轉生土陽，對於火兼土形的體質而言，土陰的補益格外重要。如果土陽過強而缺乏土陰來涵養，津液、血液容易有過度耗用而不能收藏的傾向。或者在津液被過度耗用之際，濕氣入裡，導致身體的痰飲較多，影響氣機的升降。若脾胃失津偏燥，三焦的升降便容易失調，但升不降，特別容易轉為在上焦受病，影響心肺功能。因此，在充足、規律而均衡的正餐之外，適時的使用甜食，應該是相對有其必要性。甜食說來廣泛，但基本上若是以米食為基礎來製作，相對來說都是較為適宜的選擇。甜度與油潤度較高的核果，像是松子、腰果，或者花生，也是很好的零嘴選擇。另外，也可選用巧克力為主的口味，搭配鮮奶油或是慕斯的製作手法，特別是不使用奶油的古典作法慕斯，或者考慮像是以栗子泥為主體製作而成的法式甜點，蒙布朗（Mont Blanc）來做選擇。這些零嘴、甜點，對於幫助胃氣在調和心火時，能夠與腎水結合而順降，甚至轉為補益腎水，應該較有助益。

火兼木形

木能生火，木曰曲直。木屬性的表現本來就讓人較為勤快，又加上火形本命，讓人比較隨性而至，想到什麼就做什麼，常讓人感覺是個劍及履及的行動派，但有的時候因此顯得其人較為魯莽，甚至壞事，或是發生意外。

火屬性與木屬性都可化生陽氣，在火兼木形的體質偏性調理上，就更需要著重於將陽氣透過雙向調節而轉為入陰、入裡的功能。火鍋底料使用大量的優質牛油，搭配上足斤足兩以花椒為主的辛香料來炒香，是通稱「麻辣鍋」的一般做法。但其實麻辣鍋重點在麻不在辣，辣味可以少用，重點是麻、香味要足、要夠勁，心火才能夠透過脾土再宣達而出，引出通體微汗。

開動前先來碗白米飯，扒上幾大口下肚，接著大量的五花肉片下鍋做料，涮上幾回撈起，沾了麻油拌上蒜泥後，直接入口，吃來暢快、豪氣，甘美的肉汁盡收其中，又能展現出香氣層次精緻的一面，佐餐就來杯清爽的太極米漿粥，餐後再來碗豆腐腦，打完收功，大開大闔，餘韻不絕，亦是很好的選擇之一。

火兼金形

火能克金，金曰從革。金屬性的本質偏性，屬於個性較清楚有條理，處事順當而明白。火兼金形則令其人的個性更顯得有為有守，比較通曉事理，法理之外，也通人情。火形人的五官本來就較有特色，加上兼形金形在外貌特質，常令其人輪廓分明，所以相貌上通常給人的記憶度更高。火形本命若能兼得金形，肺金便較不怕火來過度刑克，有利於體質的整體平衡度。在飲食上不妨能夠間或使用香氣較重的綠色蔬菜，像是韭菜花、芹菜，搭配肉類，特別是與羊肉一同入菜，大火快炒，增強提香的作用。或者在食用甜點的時候，選擇以加上較多鮮奶油製作，並再以帶有柑橘或是檸檬等芸香科食材的果皮來調味的糕點品項，對於同時調節心火以及肺金，將頗有助益。唯在飲食上需要特別避開生冷，尤其若不是經過充分加溫的熱食，宜避免食用，以防低溫飲食損傷胃氣，間接影響肺金功能的開闔，導致肺中的氣機停滯，瞬間引發血壓突然飆高，對於心臟或是腦血管等末稍或較脆弱的血管，造成病變。

○●○●○土形人本命

【主掌部位和功能】——脾臟、胰臟、胃、全身的肌肉、唇部、口腔、鼻頭、女性婦科功能

【季節狀況】——春夏交替時較差容易生病，秋冬較好

內經

土形之人，比於上宮，似於上古黃帝。其為人黃色，圓面大頭，美肩背，大腹，美股脛，小手足，多肉，上下相稱，行安地，舉足浮安，心好利人，不喜權勢，善附人也。能秋冬不能春夏，春夏感而病生。足太陰敦敦然。

直譯

土形本命的人，可比作音律中的「上宮」，也可比作上古時候的黃帝。通常膚色較帶有黃色，臉形偏圓，頭部佔身長的比例較大。肩、背上的肌肉

較飽滿，腹部比較有肌肉，大腿、小腿的肌肉結實。手掌、腳掌不大，通常較具肉感。身材整體來看，上身與下身的身長佔比相似，走路平穩，腳步擡得不高。個性喜好助人，不喜愛權力、勢力，較為合群。身體狀況在秋冬較好，在春夏交替時較差而容易生病。對應於人體足太陰，給人的感覺敦厚可信。

體質偏性在脾系統

土形本命，其人體質偏性在足太陰脾經，身體的臟器則對應到脾臟、胰腺或稱胰臟、胃，以及全身所有的肌肉，唇部與口腔、鼻頭等部分。在高級功能部分，脾系統藏意，主思；「意」指的是心神凝聚後產生的作用，而過思則傷脾。對女性來說，脾系統的功能還直接影響到排卵、懷孕、分娩等各種婦科功能。《內經》提到土形人的體質，身體形態在頭面、肩、背、腹、腿部，氣血都明顯充足，這些也多是人體肌肉含量較大的幾個區塊。身體表現偏性喜好多用脾系統的功能，身體的肌肉力道也是天生較強，需要肌力的運動能力普遍比較好。

土形人規律平衡飲食養脾胃

土形人平常胃口好、飯量大，喜好美食的居多，吃飽的時候，上腹部很容易圓起來。如果一旦飲食失衡，或者經常無法吃飽，身體功能也很容易在脾胃、肌肉上發生問題。總體來說，土形人通常蠻能吃，也蠻愛吃的。但若天氣熱的時候影響胃口，或貪吃冰品、冷飲，正餐沒食欲，長期下來動搖根本，反而成為體質上的重大弱點。通常土形人大概都不太受得了挨餓，一旦沒得吃喝，就頭昏眼花、心浮氣躁，情緒馬上受影響。隨手有些小點心可以填個肚子，這是蠻好的作法。因此土形人需要格外留意避免亂吃，特別是暴飲暴食，或者飢不擇食，吃下含有人工化合添加物的食品。脾胃功能又直接連繫少陽系統，在臟器之中對應到膽以及三焦，如果脾胃出現損傷，膽囊、膽管容易跟著受累；而如果受牽連的部位擴及三焦，那麼對於擴散到其他內臟，像位於上焦的甲狀腺、扁桃腺、胸腺，或位於下焦的大腸、闌尾、腎上腺，以及中焦同時也具有內分泌調節功能的胰腺，惡化的速度便異常加快。如果是女性，還很快損及生殖功能，造成不孕不育。《桂本》特別提示，所有腹腔中各種婦科病痛調理，必以「養太陰」為本，這裡指的就是脾胃功能與津液的調養。若是飲食內容不當，或者經常刻意餓肚子，一旦傷及脾胃，造成胃氣不能令心火與大量的津液及血液結合，一併送達下焦，則後續所引發包含生殖功能以及下焦腸道的各種問題，甚至腎系統的功能問題，就很難估算了。

脾系統的失調將引發脾陰刑克腎陰的效應，令腎系統的血液、津液快速虛損，而腎系統在缺乏大質量分散能量的狀況下，腎功能因此轉為向身體上層、外層輸出，引發我所謂「腎氣上衝」的效應。腎氣上衝時，人體許多功能以及腎上腺等的內分泌腺體，受到刺激而異常亢進，繼而暫時發生肌肉明顯具有爆發力、精神亢奮、記憶力或思考力等高級身體功能表現異常出色、代謝加速等等的狀況，甚至能暫時壓抑發炎症狀與各種病症，讓人有「回春」、「治百病」的錯覺。腎功能向外爆發上衝的現象，我們歸於「少陽相火」的型態。對於人體來說，這種火是偶一為之，能免則免，最好不必動用。因為，少陽的爆發上衝對於治病來說，雖然一時有壓抑之效，但是因為畢竟不能根治，又嚴重損及腎氣，百害僅得一利，實在划不來。相信也是一個醫術造詣良好的醫家所不願意見到的情況。

市面上很多所謂的健康法、健康飲食，若是讓土形人來嘗試，一時半刻間都有點效，看來也別無大礙，但其實這是因為身體其他部位的損傷都由脾胃來承當，致使脾胃疲於應付，日久必要生大問題。清楚的關注自己的身體感，多了解正確的養生知識，特別是搞懂「非吃不可」與「少吃為妙」的飲食內容，避免過度耗用本身體質所長，比較能維繫長治久安。

○● 大肌群運動最適當

土形本命的人膚色雖然說較偏黃色，但不是濕氣在裡的那種焦黃或者沒有血氣的蠟黃。在氣血充足的狀態下，是較飽滿、健康的亮黃膚色，屬於自信健康美的類型。土形人基本上身材屬於中等，如果肌肉氣血足，張縮功能好，並不顯得太魁梧，身體線條常見屬於一般所謂「圓身」的身材。土形人大抵上比較難和直線條的「纖細」搭上線，就算體態較偏緊緻，也可以明顯發現土形人的肌肉還是較為有彈性、有力，但回過來說，肌肉線條反而更容易鍛鍊出曲線美。土形人不妨做些較大動作的活動，像是舞蹈，往復均衡而重協調的木屬性肢體運動，可以運用較多的大肌肉群，把整體脾系統的功能充分推伸到四肢上來，對於維繫身材也較有幫助，更可以藉此幫助骨質的提升。

○●「好人」性格易損化消功能

土形人多半脾氣旺，因此胃氣通常也好，故能吃，也自然能睡，身體有點小狀況通常能很快恢復。所謂的「脾氣好」，其人的個性較穩定，人緣自然好。而個性穩定的特點，通常也在需要勞思、穩定性的工作或學習上，獲得不少助益。土形人常有一套自己的生活節奏，覺得怡然自得就好，較少與人爭權爭利。但土形人不妨多給自己一些轉圜、旋迴的空間與時間，表現得從容一點，除了求有，更可以求好。選擇操作模式較為固定，往復循環單純，進退有例可循，較不需要時時面臨突發狀況的工作。此類作業較帶有木屬性，對土形人來說，應付起來較為從容，把事做得更細膩、漂亮，能夠藉此損其有餘，補足土形人做事往往細節不夠扎實的特徵。土形人的理想狀態是要像大自然中的沃土般，涵養承載萬物，生生不息，具有我所謂土屬性「**容化兼和**」的作用：容得下，化得消，兼則能同中存異，和則能異中求同。土形人在群眾中多是好人好事代表，但其實往往是損己以利人，想兼容多方的需求，結果常常是自己得內傷，腸胃消化道出問題。

○● 鹽是好物，以鹹養脾益腎

脾系統是所謂的「陰中之至陰」，四臟各據一方，而脾土位居中央，看來不升不降，其實是隨時既升且降。脾系統包含了全身上下的各種肌肉，肌肉之中又經常含有大量的血液流通，可說是佔有全身最大部分質量的區塊。身無他病時，接引心火入脾土，身體的健康可以說經常都能容易維持在平順的狀態。土形本命的人在健康的維繫上已經佔有很好的先天優勢，因為所有飲食都要先進脾胃化消。只要持續規律而均衡的飲食，配合適度的肌肉運動，就能補益脾胃。土形人在化消、吸收的功能上，通常不容易有什麼大問題，但是要怎麼進一步引導食物的津液深入內臟，才是關鍵。

要能排除身體的水氣，藉此引導津液深入內臟，通常需要鹹味較重，具有辛香氣味的食材協助。依據「上工治未病」法則：「補用甘，助用辛，益用鹹味。」的思考邏輯，養脾以鹹味為益，好的海鹽、岩鹽不可少用，才能更順暢的引導津液排除濕氣，進入腎系統做深度的補益，避免腎氣上衝，造成脾系統病證的加重擴散。不少發酵食品不但透過發酵的手法帶出食材的甘醇味，也因為調味偏鹹，故很適合在烹調之中，將料理整體進行恰當的炮製，如：醬油、味噌、腐乳、鹽麴，都可多用。而在直接使用鹹味調理之外，像是能夠協助津液在三焦通利的食材，例如真菌類的松茸、香菇、木耳，再搭配上水屬性較強的食材，像是豬肉，共同調理，也能夠產生益腎而補脾的效果。像滷鍋之中經常見到香菇與五花肉、肋排，甚至栗子同滷，就是很好的搭配。而滷鍋中常見的豆干、海帶等滷料，也都有同樣的效果，鹹味、辛香開胃。另外像是將木耳乾貨泡開後切絲，與雞蛋、豬肉片以及少許嫩筍片同炒而成的「木樨肉」，吃來清爽可口。特別重點在於：雞蛋須用得多，炒得夠碎，但是必須保持滑嫩，只能微略拌炒，不可使之老硬，並在起鍋前淋上麻油提香，以少許的胡椒增加層次，開提食材的氣與味。或者雞蛋不炒碎，改煎成蛋皮，其他配料在合炒過後，往上一蓋，就成了「合菜」，搭配荷葉餅包起來吃，又成了「合菜戴帽」。如此調理之下，色、香、味俱全又收補益之效的美食，也能輕鬆上桌。誰說養生就得要捏著鼻子硬吞那些聞來就生冷腥臭、黏滑澀苦的混打汁液？

土形人養生禁忌與建議

一、吃飽，更要食必天然

土形人很重吃，食必天然更顯得重要。餓肚子不好，亂吃亂喝更不好。特別是一般含人工化合添加物的零食與飲料，肚子一餓便隨手亂抓、亂吃，很容易把飽餓進食的節律打亂，再加上人工化合物的刺激，對脾胃特別有傷。用米、麵做成的傳統小點心，像是爆米香、米糕，都是可以考慮常備手邊的好物。

二、忌暴飲暴食

土形人的消化功能應該算是強項，通常想吃、愛吃的應該都能吃。不過重點不是「患貧」而是「患不均」；主食吃不夠，消化的功能被拖下來，大量的食物沒有主食的幫助，在胃中停滯過久，影響了胃氣正常的升降節律，結果反而可能是看胃做事的膽被搞出毛病。

三、忌人工添加物

人工添加物本來就不該多吃、常吃，能免則免。但是對於土形人來說，人工添加物很容易在吃的當下不感到其害，日積月累下來，卻往往是積重難返，把脾胃的根本搞壞之後，格外難收拾。

特別是過度加工的甘味添加劑做成的點心、飲料，吃了很容易在皮膚上面出狀況，發胖只是小意思，一旦轉為發疹子，或是起過敏反應，非常難受。

四、忌忙亂

土形人在趕忙的時候，特別容易覺得壓力大。有的時候可能是因為把別人的事情也攬上身，把自己弄得忙亂不已，連飯都沒能好好吃，傷了腸胃。儘量把自己手頭上的事情整理得單純些，一定要留給自己一個好好吃飯、吃飽後能散散步的時間。從容，才能讓自己更有力量。

五、忌固執己見

土形人的理想狀態是要像大自然的沃土，涵養承載萬物，生生不息。一旦固執己見，就成了沙粒或礁岩，不知變通，每每與人事物硬碰硬，兩敗俱傷，對生理、心理的衛生都不好。把耳朵打開，聽聽來自不同方向更多的聲音。腎系統開竅在耳，讓思想的源泉潤澤脾土，可能會看到更多的轉機。

土形人的兼形變化

土兼水形

土能克水，水曰潤下。水形的特徵是令其人對於環境的變化刺激較為敏感，加上了土形本命的善體人意，則其人的個性上通常表現得較為看重八面玲瓏，同時個人的學習、求知欲望也較強。但是腎水在受到脾土持續的刑克時，人變得容易精神緊繃、情緒緊張，對於高強度精神壓力的工作，反而容易因為土陽與水陽同時耗用津液，造成土陰的缺乏，脾胃不能充分涵養津液。膽與三焦在失去來自胃中的津液調節下，容易在升降功能上發生狀況。上焦可能覺得燥渴，下焦卻又同時出現好發水腫的傾向。除了適度的溫通四肢腠理來調節氣血之外，也可以同時藉由疏通三焦，升提清氣向上，以有助於加強原本三焦疏瀉全身津液的功能。古法種植的綠茶正有如此調理陽氣提升的作用，也就是，當人體的正氣上行之後，濁氣、濕氣便能夠自然相對下行。清氣向上，上焦獲得津液滋潤，人就不容易燥渴，而濁氣、濕氣下行，透過膀胱以小便利出，水腫問題也就不易發生。另外，在料理菜色的時候，偶爾也可以選擇使用菜椒，像是做成「青椒肉絲」，幫助調理身體三焦多餘的濕熱之氣，也有利於紓緩津液受到過度耗用的情況。

土兼火形

火能生土，火曰炎上。火形的特質讓人比較明顯直率展露個人特質，加乘於土形本命的敦厚，更加能表現出其人因為氣血充足所生的和樂氣氛，與人為善。通常來說胃口也是極好，能吃能睡。因為氣血受到火陽生土陽的關係，脾土的升發力道較足，較偏外行，所以在飲食的調理更需要注重養陰的工夫。略有焦香味的天然巧克力飲品，帶著可可豆經過發酵、烘焙後的甘醇風味，同時其中亦含有大量的可可脂，能夠引導津液與心火結合後，一同下行，藉以調和胃中津液，以利緩降（請參考《太極米漿粥》八〇頁），滋潤下焦，促進生血。唯一般巧克力飲品之中多以大量的牛乳調用，唯牛乳可能較不易化消，多用之後對於腸道的負擔也大，宜少用，甚至不用。不妨改用亦是略帶有潤滑口感的豆漿或羊乳，效果也能讓人滿意。

土兼木形

木能克土，木曰曲直。木形的特質原本較偏向令其人的肢體好於勞動，加乘在土形本命上，木陰得土陰借轉來養，則其人的行為表現更為沉穩、勤快，給人的感受也更為喜好助人。轉借土陰，木陰生木陽，升發的表現主要在三焦以及膽的少陽區塊，與厥陰肝木陰陽表裡成對，因此，若脾土失去津液的涵養，例如飲食不節，或者因為生活節奏快、情緒緊張，導致腠理經常緊閉，較可能在三焦或膽出現病變。特別是在情志上，如果碰到壓力大的狀況而不能適時排解，腠理無法溫通的部分將容易導致相對應的經絡、俞穴的內臟功能失調。作菜時，常用少許的生薑，或者芸香科的花椒，可以辛溫透達肌肉四肢，令通體微微出汗，對於調和少陽區塊升降，能起到加強「打到頂，收到底」的升降功能（請參考《物性飲食》下，十六頁），很有幫助，但需要注意的是：發汗的根本來自於胃中津液的充足，千萬不可多用、過用。沒有經常吃足夠米飯主食、肉類之前，用薑必定需要謹慎。生薑能刺激人體大量發汗，而《桂本》提到「汗多亡陽」或是「陰弱者，汗自出」，總之，經常出汗、多汗，絕不是好事。

土兼金形

土能生金，金曰從革。金形的特徵令其人較為說一不二，若在這裡又加上了土形的本命，善於顧慮他人的感受，雖然其人性情較見沖和，但也因為金陽的特質表現交乘了土屬性而顯得不甚完全，故而容易把事情想得複雜，甚至使行動較有遲疑。肺金主氣，加上土陽生金陽，土兼金形其人的氣機相對來說較偏強，但也可以說是血分容易相對顯得較為偏弱。如果沒有取得適當的睡眠、休養，氣機將出現但上不下的問題。當金陰不足以與金陽調和時，金陰不足便要刑克木陰，抽用肝木的津液來借轉，而令肝系統的內部壓力縮小，收縮壓力隨之逐漸升高，便化為常見到的血壓過高、末稍血管循環不利之類的問題。其人也容易因肺中津液不足而發生虛燥熱、燥渴的問題，甚至易生痰飲。《桂本》中有所謂「陽浮者，熱自發」的敘述，就是類似這樣的狀況。如果走向一般常見誤認為的「有熱就退熱」

處理思維，身體稍覺燥熱，便自認為是「熱性體質」，因而多用冷飲、冰品，或者苦寒瀉下的飲食，如此一來，亡陽又損陰，虛上加虛，對於身體健康的為害就大了。百合科的洋蔥、大蒜，雖然生食的時候口感嗆辣，但是熟食之後便轉為甘甜，多用來熬湯取汁，有助於肺金收斂津液入裡。另外像是蘆筍微涼、微苦，也可以令三焦的津液獲得滋潤補益，並且反轉燥熱的傾向，也較不傷正氣升提出陽的氣機本質，能夠在當令時節，酌量食用，亦不無助益。

○●○●○ 金形人本命

【主掌部位和功能】——肺臟、大腸、鼻腔、氣管、皮膚、體毛（不包括頭髮）

【季節狀況】——春夏交替時較差容易生病，秋冬較好

內經

金形之人，比於上商，似於白帝。其為人方面，白色，小頭，小肩背，小腹，小手足，如骨發踵外，骨輕，身清廉，急心，靜悍，善為吏。能秋冬不能春夏，春夏感而病生。手太陰敦敦然。

直譯

金形本命的人，可比作音律中的「上商」，也可比作白帝。通常臉形較明顯有稜角，膚色偏白色，頭部佔頭身的比例較小，肩、背、腹部的肌肉都不多，手掌、腳掌的肌肉也偏少，腳腫等的骨節明顯，整體骨骼的重量相

較偏輕，為人做事比較有原則，個性較急進，也較俐落乾脆，思考傾向指揮、調度、判斷。身體狀況在秋冬較好，在春夏交替時較差而容易生病。對應於人體手太陰，給人的感覺是樸實勤勉。

◎體質偏性在肺系統

金形本命，其人體質偏性在手太陰肺經，身體的臟器或組織對應到：肺臟、大腸、鼻腔、氣管、皮膚、不包括頭髮的體毛等。在高級功能部分，肺系統藏魄，主悲；「魄」指的是將人體的水精凝聚集中的能力，而悲則能傷肺。身體表現偏性喜好多用肺系統的功能，也容易因為過度耗用而出現較嚴重的毛病。津液化氣較多而生血較少，若是津液不足，生血的效率很容易不彰，所以在身體膚色表現上，便因血色較少而顯得白皙；由血轉化而出的肌肉亦是因此偏少，所以全身上下，像是肩、背、腹、手掌與腳掌等處，肌肉含量普遍也較少。肌肉含量少，或是功能較弱的時候，津液便不容易透過肌肉的收縮，牽引腠理發動氣血轉換的雙向調節功能，引導津液進入腎水涵養的功能因此常相形顯得較弱。所以，由血液與較質重的津液所化生而成的骨質也容易不足，便是所謂「骨骼的重量相較偏輕」的現象。在此並非意指只有金形人才會、才容易發生諸如骨質疏鬆等狀況，應該將因果關係認識為：身體肌肉的結構與功能不彰，是骨質疏鬆等類似問題發生的主因。也就是說：只要金形人注重肌肉方面的調養，保持肌肉呈現充足的彈性與豐富的津液，也可以將骨質維持得很扎實。

○● 天然肉類油脂帶動生血，皮膚就紅潤細緻

血液的生成與否，對於金形本命的人影響很明顯，所以皮膚亦是表現相對較為敏感。特別在沒有睡好，或者肉吃得不夠多的時候，皮膚的毛孔比較明顯變大、容易出油，或常常沒有便意，形成我所謂寒性便秘。最輕微的，也可能容易引發：粉刺、青春痘（或稱痤瘡、暗瘡）、口瘡等，一般所謂「上火」問題。好的肉類料理帶一些天然油脂，自然能夠潤滑腸道，輔助身體完成津液下行之後在腸道之中應有

的功能。雞肉含的油脂少一點，也好化消，如果擔心化消負擔較大，帶皮並稍微燒烤的雞肉、熬煮透澈的雞高湯，都是很好的選擇。身體的骨節部分，在外形上較為明顯，特別是顴骨等的臉部骨節，像鼻樑、下巴等處也是。《內經》原文的「方面」並非即單純指如字面的「方形的臉」或是一般俗稱的「國字臉」，因為在相術上，人的臉要偏方形，指的是下頷兩側的咬合肌特別發達。要產生這樣的臉形，還須有一些其他的要素配合才行，更包含了較多的後天因素影響。因此，在這裡的「方」字做為「稜角」來解釋，比較合乎實際觀察的結論。

○● 壓抑生百病的完美主義者

金形本命其人在為人做事上較有原則，也不是太重物質享樂或安逸。有時候給人感覺較少有柔和的氛圍，但其實是因為金形本命其人對自己的要求、壓力較高，做事情的完美主義傾向也較重而已。其實相處起來仍然讓人覺得不失自在，只是進退的原則上比較清楚。但值得注意的是：因為金形人對於自己感性層面的壓抑較重，若因此導致腠理不開而氣血不暢，便容易百病叢生。金形人在秋冬的時候，如果一直用衣物把自己包得很緊倒也還好，就怕在春夏季節變化幅度比較大的時候，春寒料峭，或是進出冷氣室，衣物加減不易，一不小心便受風、受寒。金形人因為行事較拘謹，施加給自我的壓力較大，若是憂思較重，氣血受阻，很容易虛胖、水腫，甚至顯得塊頭很大、壯碩，對於淋巴等三焦系統、心臟、血管末稍的代謝功能也不利。肺系統主管包含肺臟與皮膚，但肺系統對於氣機的反應特別敏銳，極容易受到刺激。

○● 運動、泡澡很好，發微汗即止更好

《桂本》之中提過：燥氣、熱氣、暑氣，皆容易造成肺系統的虛損。如欲比較和緩、柔順的協助肺系統做好開闔的功能調理，不妨常泡溫泉。此外，若是有好的藥浴配方，能夠常常浸浴，甚至只是泡泡腳都好，皆有助於身體代謝循環，也較不傷身。當然，適度的做一些能發微汗的運動，像是散步，引導氣血外行，借外力溫通腠理，一方面藉此紓解心理壓力，二方面則促進與身體代謝循環相關的肝系統健全。但運動量必須嚴格控制，量力而為。體力需求強度太高的運動，特別是令人流

大汗的運動，很容易對身體形成燥氣、熱氣、暑氣入侵的壓力。過度從事高強度的運動，可能引起肝系統的結構損傷。比起純粹做著單調的運動，結合較有休閒、轉換心情作用的旅行踏青活動，同樣可達成目的，亦兼可紓緩平日自我要求較高的壓力。其他像是繪畫、歌唱、書法，較為靜態，同時也能宣發情志的藝術、創作活動，都有以心火來損肺金有餘的調理作用。

○● 養肺先補肝，澀味食材溫和養生

肺系統本來以氣機的循行調度為主，《內經》有所謂「脈氣流經，經氣歸於肺，肺朝百脈，輸精於皮毛。」、「脾氣散經，上歸於肺，通調水道，下輸膀胱。」、「藏氣者，不能自致於手太陰，必因於胃氣，乃至於手太陰也，故五藏各以其時，自為而至於手太陰也。」等語，這些經文說明了：脾胃從化消飲食之間，取得了津液，並且將這些津液透過胃氣的作用，供輸到了手太陰肺之中。再透過所有經脈與肺都有連通的結構，將氣與精向外發送至身體的最表層，如皮膚、體毛等處，也能夠令三焦水道疏瀉與調度，往下到達膀胱。肺系統是所謂的「陽中之陰」，位居升

提的頂點，但是又兼有開始反轉下行、沉降入裡（請參考《物性飲食》下，七九頁）的傾向，也能將蒸化成氣態的津液重新凝結回液態。綜合起來，就是我所謂金屬性「**收斂肅降**」的本質偏性（請參考《物性飲食》下，十六頁）。因此，脾胃中的津液上行至肺中，又在肺中化出了較多量的氣，相形之下脾胃中的津血益發偏少，則往下繼續生出腎水的功能不明顯。腎系統因此不夠強盛，難以充實骨質，這也是金形人體質偏性產生的原因之一。

肺金在結構上雖然具有臟的肉體組織，但是在實質上對於津液、血液的收藏效果其實不明顯，較多的是對於氣、精的輸布功能。所以對於本命金形的體質來說，並非氣機較常人更多，應該看作是血液的生成與涵養的功能較常人來得更少一些。也因為肺系統的津液、血液總體含量較少，對於功能變化較為敏感，所以經常與同屬在上焦運作的心火發生連動。在心火與津液發生作用而生成血液的時候，入肺涵養的津液便更加稀少，因此有所謂心火刑克肺金，肺陰借轉火陰的作用。肺陰不足又需要借轉肝陰來補，即所謂肺金刑克肝木。故依據「上工治未病」法則：「補用辛，助用鹹，益用酸味。」養肺則先補肝，益用酸味為主。雖然由法則我們推廣出了「益用酸味」，不過許多酸味為主的食材其實對於脾胃的負擔都是較重的，多吃，反而傷害「胃氣」這個養生的根本。但是，「澀」味附屬在酸之下，好的茶飲帶有清香，苦盡回甘，又帶有一點收澀的效果。另外，香蕉在未完熟的時候，也是微酸、微澀，具有能夠加強將津液回收入胃的生理機轉之益。這些對於金形人來說，都可嘗試。若是胃氣已有虛損的時候，茶飲可先選擇刺激性較低的紅茶，香蕉無法生食，則可以油炸熟食，或搗泥做成蛋糕來用，再逐步跟進。又像牛蒡、馬鈴薯等生鮮時較有澀味的根莖類食材，以及未煮熟時也帶刺激性辛味，亦略有澀味的芋頭等，與富含油脂的肉類，像是豬肉來同煮。搭配蔥白調味，可以炒肉絲，或是燉煮成湯，將足以令澀味兼起有酸味之效，並藉水屬性的豬肉來符合「助用鹹」的配伍設計原則，都是能夠幫助我們養生、調理的美食。

金形人養生禁忌與建議

一、忌春夏受寒

金形人因為津血較偏少，對於寒氣的耐受程度可能較差。秋冬的時候只要留心多穿衣物，通常問題不大，倒是在春夏的時候，衣物加減不易拿捏，反倒容易一不小心受到風寒。春夏之際，也別忘了在手邊隨時有件能擋風保溫的輕薄衣物可取用。

二、忌長時間空腹

金形人的內臟津血較偏少，若是空腹的時間一長，津血很容易耗竭，這就對內臟造成了虛勞。如果生活中碰上偶爾進食可能有點不規律，或者容易一時找不到喜歡的食物，自備糧草就是必做的功課了。只是在挑選小零嘴的時候，也別忘了留意成分是否天然才好。

三、忌大汗運動

會造成流大汗的運動都不大好，特別是對於金形人而言。大汗亡陽，造成身體耗用更多的津血來產生陽氣，掏空原本就存量不多的內臟津血。但是人人都需要做運動，金形人也不例外。金形人若是愛做運動把肌肉練得很大塊，可能要小心反而容易對於肝臟、心臟造成更大的勞損。

四、溫和入浴

金形人特別適合做點藥浴，或者泡溫泉，就算只泡泡腳都好。這算是比較溫和的藉由外力來促進腠理開放的一種方式。但要注意的是：藥浴、溫泉與單純的泡熱水澡不同，泡熱水反而可能有受風寒的高風險。而入浴前後也要特別留意進出洗浴環境時的溫差，大幅度的溫差對心血管、腦血管特別有害，特別忌諱三溫暖、芬蘭浴這類高溫差的洗浴操作。

金形人的兼形變化

金兼水形

金能生水，水曰潤下。水形偏性對事物的敏感度較高，反應也快，配合金形本命，做起事來有條不紊，更加表現出其人對於事物細節的觀察入裡。金形在氣機方面的表現較強，其人的敏感度已經相對較高，再加上水形的表現若是偏向快速反應的少陽相火特質，難免在太過之時，有其人顯得神經過度緊繃的傾向，或者加大了心臟以及腦等末稍血管循環的壓力，有中風的潛在危機，也容易影響心火在體內的循環功能。在飲食上，可以使用多能開展心火的食材，像是由小麥製成的天然麵製品。日常除米飯主食外，偶用小麥來製作的餐點，也是很好的主食搭配選擇。尤其像低度精製與發酵的麵團，不以高溫烘烤，而採用水煮或者蒸煮，可保留較多濕潤的口感。例如做成饅頭，或者包子，平時間或使用，都有助於在五穀補益脾胃的基礎上，再加強對於心火的調理。心火若是得以開展，身體功能就不需要過度依賴少陽相火來推動，因此可以隨之反轉，維持原本的津液狀態。少陽的津液含量足，能夠沉降，腎水也就跟著回歸細水長流，淵遠而流長的本質，津液、血液被腎功能回收至內臟，因此而得到涵養。

金兼火形

火能克金，火曰炎上。火形較能讓人直率表現其人個性的特徵，加上金形本命對於事物的看法定見較深，讓人感到其人處事的著眼點確有其獨道之處，令人感到耳目一新。心氣的通行需要靠血的涵養來加持，而金形本命的體質又容易形成氣偏多而血較少，因此，生血、養血的工夫格外顯得重要。除了多用羊肉來做料理，藉由羊肉厚重的氣味來補益，我們曾經推薦過的當歸生薑羊肉湯（請參考《太極米漿粥》二四三頁），能夠輔助身體的造血功能加強，補充人體在造血時所需的養分。在血分充足後，人體四肢肌肉因為充滿了新鮮的血液而變得溫暖、有彈性。對於體質為金兼火形的人來說，功能偏性都集中在上焦，這也有助於氣與血在四肢末稍充分調和後，能夠反轉入裡，回收到內臟之中休養、收藏。

金兼木形

金能克木，木曰曲直。木形的行動力較強，配合上金形本命的行事自律，做事表現得更加原則分明。肺金刑克肝木，肝陰偏少，則化陽而出的傾向相對增加，再加上兼形木形本來就能加強肝陽的特質，肺陽與肝陽兩頭加強之下，肝陰的虛損可能更加嚴重。開始發生肝陰的虛損時，人體容易感到倦怠，睡眠久了還是感到不能充分休息。如果進一步虛勞傳脾，變成食欲不佳，脾系統收藏津液的功能下降，所謂血糖、血脂就容易升高。除了規律的作息以及充分、均衡的飲食之外，日常可以偶爾選用我們曾經介紹過的「桂圓薑棗茶」（請參考《太極米漿粥》二三九頁），開展脾胃功能，同時協助收斂氣與津液至脾中，與心火結合，為轉化血液的功能預作準備，或可避免肺金與肝木同時陷入虛勞的情況。若是過度損耗肝陰，導致肝陰刑克脾陰，又同時因為飲食內容不正確，脾陰不能獲得補養，很可能演變成肝系統無津血涵養而陽氣外脫，導致心臟功能急性惡化而引發猝死的可能性便大幅增加。

金兼土形

土能生金，土曰稼穡。土形對於人群的感受能力較強，配合上金形本命的特徵又是有為有守，為了在眾人間調和鼎鼐，同時要堅持立場，因此其人容易表現出不怒而威的態度。土形本質應為容納、化消，有如大地的沃土，能生長萬物。但若失津嚴重，不能呈現脾系統應有屬濕的本性，反而顯出燥性，除了容易造成精神緊繃，更容易影響消化功能，導致脾胃不能自己調和，反而氣血大亂。辛香料可以讓氣機通利，使得食物化消成津液，以及津液進入脾胃的作用，更加活潑。咖哩採用了多種辛香料，像是：孜然、豆蔻、生薑、肉桂、薑黃、芫荽、丁香、八角等，混和炒製而成，多有通利胃氣、強健腸道，或者令三焦之中的中焦區塊發散的力道，幫助消化功能的提升。可以用此香料咖哩，配合透過大量油質一同調理的馬鈴薯、肉塊燉煮成湯料，香濃，開胃，更能助化消。搭配上大量的米飯，對脾胃的調養作用自不在話下。

○●○●○ 水形人本命

【主掌部位和功能】——腎、膀胱、骨骼、關節、牙齒、頭髮，生殖系統部分功能、內分泌、腦、脊髓的結構及功能，耳部結構與功能，部分的神經功能、二便功能等，微量元素的代謝。

【季節狀況】——春夏交替時較差容易生病，秋冬較好

內經

水形之人，比於上羽，似於黑帝。其為人黑色，面不平，大頭廉頤。小肩大腹，動手足，發行搖身，下尻長，背延延然，不敬畏，善欺紿人，戮死。能秋冬不能春夏，春夏感而病生。足少陰汗汗然。

直譯

水形本命的人，可比作音律中的「上羽」，也可比作黑帝。膚色通常較深，臉部的肌肉線條比較鮮明，頭部佔頭身的比例較大，面頰、下巴的線條有力、清楚。肩膀較窄，而腹部較厚實，手腳的反應、動作靈活。走路時，身軀的擺動幅度大，腰、臀部在整體背部的佔比較大，背部的身材比例顯得較長。做事時的膽子較大，喜愛挑戰，說話工於心計，常陷人入圈套，也因此招惹人怨而引來橫禍。身體狀況在秋冬較好，在春夏交替時較差而容易生病。對應於人體足少陰，給人的感覺是態度表達隱晦不直接。

體質偏性在腎系統

水形本命，其人體質偏性在足少陰腎經，身體的臟器、組織部分則對應到腎、膀胱等泌尿系統，骨骼、關節、牙齒、頭髮，部分的生殖系統結構與功能，耳部的結構，身體各種內分泌、激素的產生，腦、脊髓的結構及功能，部分的神經功能，部分的二便功能，各種微量元素在細胞進出的功能等。在高級功能部分，腎系統藏志，主恐；「志」指的是把意識凝聚起來的能力，而恐懼能傷腎。水形人的體質表現偏性喜好多用腎系統的功能，而水屬性的功能又有兩極化的偏性同時存在與發生：一種表現為沉潛、隱藏，不聞聲息、不為所動的變化與轉換，一種表現為如狂濤巨浪，瞬息萬變，沖牆倒壁。因此水形人常常在行為與精神上，一方面可以見到表現出堅忍不拔，覺得自己的意志與臨機變通可以克服一切，一方面又見到聰慧、機敏過人，應對、創意迅速而多變。但堅忍不拔有時又可能負面表現為隱忍、逃避、懶散、消沉，機敏權變有時又可能負面表現為暴怒、狡獪、衝動、人格解離。水屬性多變，也很容易受到外界環境的刺激與影響，靜若一明鏡，動則千仞浪，是天性使然。但是究竟接下來要往沉潛還是往瞬變走，要往正向或是往負向發展，這些都是操之在我的事。

如果其人過度依賴腎系統的體質屬性來處事，腎系統的津血耗損嚴重，腎陰就要刑克火陰，身體的血液，以及高純度的津液，也就是水精，便嚴重虛損。身體內臟的血液與水精不足，長久下來特別容易造成腎系統、內分泌組織的功能問題，輕則發炎，像是膀胱炎、尿道炎、腎炎、膽囊炎、胰腺炎、腎上腺病變、甲狀腺病變、扁桃腺病變、口腔牙齦發炎等，重則有結石，導致其他病變，最主要就是惡性腫瘤。若是在女性朋友身上，還可能好發子宮肌瘤、肌腺瘤，與各種婦科惡性腫瘤，還請特別注意。身體表層皮膚如果缺乏血液，可能出現膚色天生偏深的傾向，或是曬黑又不容易白回來。但如果能夠透過加強肌肉與腠理的調適，令氣血循環的效率提高，血量飽足，膚色得以透出健康的血色紅，膚色便容易白。所以，縱使《內經》原文提及水形人體質「其為人色黑」，倒也請熱愛美白的水形女性朋友不必擔心。若是多吃了苦寒瀉下的食物，如冷飲、咖啡、生菜水果等，體內的津液、血液被破瀉，二便因此失調，膚色很快變得容易出油，暗沉無光，才是不利於美白。

○● 工作鐵金剛，撐出大毛病

水形人的生活也容易出現兩極化的傾向，工作時面對壓力、張力超高的狀況，可能連續工作數十日都不得休息，或者連續十幾小時沒進食、滴水不沾、久站不坐，甚至沒上廁所都有可能。但是一到了假日或是工作結束後，馬上大病一場，臥床三天不起，至少也是癱軟在家好似一條蟲，毫無活力。水形人最拿手的就是「撐」，就算生病了也可以撐著讓別人看不出來；但如果讓人看得出來有病容，通常就是很嚴重了。憋尿、憋渴、憋著不睡、憋著不吃、憋著生病，這些對於水形人來說實在是易如反掌，但是就因為太過拿手，一不小心就憋過頭，憋出大毛病。若憋出膀胱泌尿或是生殖系統出問題，都還是小事，若因為憋的動作所動用的肌肉緊張來抵消身體功能輸出的波動，因此產生高阻抗，則同時一併壓迫到血管、神經、淋巴等的代謝功能（請參考《太極米漿粥》七〇頁），進而失常，甚至因長期的高阻抗造成心臟的搏出彈性疲乏而功率下降，引發全身性的代謝效能低落，那就麻煩大了。我們在健康的八大指標（請參考《太極米漿粥》六二頁）之中提到有關大小便的敘述，就是觀察身體氣血代謝功能是否如常的重要依據。大、小便合稱二便，如果不利，很可能代表心血管疾病有好發的潛在危機，也與腎系統功能是否健全有密切的關係。近來流行很多所謂與腸道、腹瀉有關的病症名稱，諸如：「腸漏症」、「腸躁症」，被認為與免疫能力、食物過敏、精神壓力等有關，有些精神、神經方面的疾病，如：失智症（Dementia）、自閉症，又被認為與腸道功能是否健全有關，不一而足。其實二便利通、順調，中醫早在兩千年前就揭櫫其與腎系統在養生、療疾的關係，不必猜想、試誤，大道已在眼前。

○● 端正姿態養胃氣，站、坐、行皆有相

對於養生保健來說，除了大量吃足白米飯（請參考《太極米漿粥》二二六頁）外，增強肌力，特別是核心肌群，也就是在人體軀幹中央的肌肉群，就有很好的幫助。這些肌肉群有不少是反射對應到脾系統或腸道的身體區塊，像是：腹肌、大腿肌、臀肌。透過加強脾系統的功能與結構，不但可以直接強化腸道的功能，也能對水形人的體質損其有餘，是很好的調養辦法。特別是水形人因為有較多的津液在皮下包覆住肌肉，所以往往手掌不易見到骨節，身體的肌肉常是摸起來感覺比較偏柔軟的，張力稍嫌不足。也容易因為稍有疏於鍛鍊肌肉，身體的肌肉線條便很快走樣。以養胃氣的角度來看，這對於身體的代謝其實比較不利，等於是相對加重了心肺代謝功能的負擔。適度做些能夠增強肌力的運動，不必到汗流浹背，就有很好的效果，對於大多數全身各種亞健康狀態的不適，可能連吃藥、治療都不必。常見的健身鍛鍊動作，若是沒有透過正確的指導，很可能造成運動傷害，但至少我們在家常之中，能夠加強留意自己的立姿、坐姿、行姿，除了已經足以達到鍛鍊肌肉的目的，對於藉由強化肌肉來加強固定、束住骨節，幫助提升骨質密度，更有好處。根據水形人

的個性，要長期維持規律而高強度的運動，確實有點強人所難。但人人在每天起床之後，總不脫立、坐、行等姿勢，能夠多加提醒自己，至少一天之中加總起來有一、兩個小時以上的良好姿勢，甚至在開車或坐車通勤時，就可以實踐，越多越好。如果能堅持端正起姿勢，就算不特意花錢、花工夫上一趟健身房，都有足夠的保養效果。

養陰入腎必早睡

腎系統在體內的角色與作用十分特別。腎系統中所收藏的津液，必要是精練反覆再三之後的高濃縮、高品質形態，我特別稱之為「水精」。而腎系統之中的腎陽與腎陰的作用反差相當大，腎陽功能若是外行，又能將水精轉化出極高強度的氣，通常由解剖上的腎上腺提取而出，我將其定義為「少陽相火」，可謂藏於水中之火，好比燃油可以燃燒，甚至引爆。多樣化的面貌與轉變，正如我所謂水屬性的本質為「**藏精強變**」：深內不出謂藏，去蕪排他謂精，貫徹不移謂強，易化他物謂變。腎系統又是所謂「陰中之陰」，在秋冬之際，人體配合大環境的趨勢，入陰、入裡的傾向明顯，得以借助於陰氣強而氣溫偏低的自然變化，就如常言道：「寒氣刺骨，能強人心志。」一般，將涵養足量心火的津液、血液收藏入裡，對腎系統的補養很有益處。但是到了春夏換季交界，陰反轉出陽，如果收藏、沉潛的工夫沒先做足，裡虛而引風邪、寒邪入侵的可能性就大幅提高。但一般來說，除了有如《桂本》所謂「君子春夏養陽，秋冬養陰，順天地之剛柔。」外，每天充分的睡眠，早早上床，對水形人來說格外重要。就算不到熬夜的程度，但是覺得「稍微晚睡一點也沒關係」的我所謂「微熬夜」，長久下來同樣造成大問題。夜晚平躺的睡眠時間，對腎系統的補養特別重要，就算是白天補睡都不能消弭熬夜之害，一定非得要在晚間躺平，而且不能超過晚間十一點。但依經驗，取法乎上得乎中，所以我的建議通常提早落到十點半，以因應各種有意、無意的拖遲狀況。由我根據《桂本》所做成的「六經流轉時辰圖」（請參考《太極米漿粥》九二頁）可以看得出來，晚間十一點開始，到了「少陰」時段後，如果人還沒躺平，對腎系統的負擔很大，也錯失了每日養陰入腎的大好時機。

鹹酸苦三味相輔

水形本命的人可以是美食來者不拒，但若是粗茶淡飯也沒問題。依據「上工治未病」法則：「補用鹹，助用酸，益用苦味。」來推演，燒烤、油炸等調理至焦香的各種食材，最是引水形人食指大動。燒烤或油炸等高溫調理，因為能夠將食材多餘的水氣大部分去除，透過炮製盡可能避免寒性的影響，也能明顯的提升香氣，增進食欲。只要淋上幾滴檸檬汁，佐上優質的天然海鹽或岩鹽，即可令人充分享受到新鮮食材的甘美。此外也可使用天然素材純釀造的醬油或魚露、蠔油等，少許的鹹香氣味，就能活化食材的味覺層次。雖然透過高溫調理的食材，也可能因此較帶燥性而對化消上略有不利，但只要選材上使用油脂含量稍多的肉類部位，並且同時確實的搭配足量的白米飯同用，基本上就沒什麼問題。偶爾來杯清香微苦的手工精釀啤酒，保有更多啤酒酵母的芳醇，與幾口當令的芒果以及自然鹽相佐（請參考《物性飲食》下，一三〇頁），調和飽餐之後的津液循環，更令人回味無窮。

水形人養生禁忌與建議

一、忌憋

水形人很能撐，抗壓性特別好，更常拿這一套來對抗自己的身體，造成水形人是最容易把自己憋出病來的一群人。從容易引發膀胱炎、泌尿、生殖系統等問題開始，長久下來更容易進一步引發心臟代謝力道的不足，引發氣滯水腫的問題，傷心、傷骨，也傷腦，都是不好處理的大病。記得定個鬧鐘，定時把自己手上的事情打斷，抽離一下，別太專注過頭了。

二、忌晚睡

凡事憋著當然容易生病，但特別是憋著不睡，妨礙了睡眠養陰的重要機轉，身體的血與水精的藏納因此出問題，造成水刑克火太過，更容易引發腎氣上衝。入夜之後，吃頓好的晚餐，別再勞思，特別注重精神上的放鬆、抽離，幫自己做好例常的入睡前奏，導入睡眠。

三、忌生冷

水形人普遍天生的造血功能會稍差一點，特別不能碰苦寒泄下的食物，甚至是低溫一點的食物都比較不適合。吃多了物性不對頭的食物，很容易就變成上吐下瀉，特別是腹瀉的比例會更高一些。

水形人一旦吃冰喝冷飲、喝咖啡、青菜水果吃多了，特別容易引發體脂肪累積。餓肚子、吃瀉藥、催吐這類的惡性減肥，會越減越肥，復胖反彈更強烈，甚至會連帶皮膚也出問題，暗沉、長痘子，什麼都來，把自己逼得胖到厭世。如果自以為皮膚有狀況是上火，又吃苦寒泄下的東西來退火，更是一發不可收拾。其實水形人反倒是要重視陽氣的維護，把水氣透發出來，「養胃氣、護陽氣」這句話，水形人特別受用！

四、忌空腹

水形人的想法、點子多，但是如果陷落到「憂思」的狀態，而不是付諸行動，容易變成空操心，虛耗脾胃能量、津血，可能引發嚴重的情緒低落問題，甚至會想不開。

俗話說「肚子飽了，腦袋就空了」，常吃些美味噴香的食物，避免脾系統津血短缺時超抽腎系統的津液，造成水形本命的基礎動搖，應該格外看重。

水形人的兼形變化

水兼火形

水能克火，火曰炎上。火形的特質偏性較能讓人表露情感，個性也較易於展現，但是在水形本命思慮較深、較細膩的影響之下，情感的表達反而顯得較不直接、多曲折。火形的偏性運作極端倚賴血的運行與暢達，而水形體質的偏性卻又容易在體內積聚較多津液，並且慣於透過少陽相火來運作功能。**少陰君火與少陽相火在基本上有相互拮抗的表現慣性**：當少陰君火升發的時候，少陽相火便須反轉表現為沉降的狀態，以求平衡，而反之亦然。兩者同時發散或沉降，對身體都是重大的刺激，對健康很是不利。也因為若身體平時多藉少陽相火來做衝刺、爆發、堅持類型的作用，少陰君火被迫沉降的機會偏多，將更明顯的表現出受到阻礙而不得暢行。日式料理的菜色「薑汁豬肉」中，生薑能夠溫暖四肢骨骼肌，幫助溫通腠理，磨成細泥後調入醬汁，只要少量就有足夠的香氣。與腎系統親和的豬肉火鍋片，先煎至香脆備用。我們再稍加變化，加入引導津液往三焦集中的牛蒡切細絲，與搭配的洋蔥以及醬汁等調料，一同大火炒透，最後將肉片下鍋略加拌抄，就能快速上餐。不但美味、下飯，還可以起到調和少陽相火與少陰君火的輔助效果。

水兼木形

水能生木，木曰曲直。木形的特質讓人行動較為直接，側重實作。配合水形本命，讓人感受其人個性與表現較顯穩定。肝系統在體內主要表現為疏瀉透發，對於將津液、血液暢達到四肢，具有關鍵性的作用。人體的血液如果能夠經常暢行至四肢，將能夠更有利於氣在軀幹的中焦區塊回收、集中，重新轉換回津液的狀態，完成人體對津液進一步提練與濃縮的作用（請參考《太極米漿粥》七三頁）。而津液在如此反覆精練後，能夠透過胃氣的作用引導，更充分的涵養住心火，與之一併下行，交由腎系統轉換，進入人體內臟深層收養。脾胃之中的津液，一方面能夠支持肝系統在功能上的提取，一方面又可以鎮守住腎系統的功能與津液不致於輕易外洩、上衝。我曾經介紹過的一道食譜「快雪時晴」（請參考《物性飲食》下，一〇四頁），使用了大量的山藥磨泥為主體，搭配上滑嫩的雞蛋黃，對於脾胃的津液就有快速的補養效果。再搭配適量的山葵泥、蔥花，將食材的清氣開提上來，並以醬油、海苔絲的鹹香將津液引導至三焦以利下行。健脾、養肝、益腎，三效合一，形成了對於由陰出陽的功能很好的輔助效果。

水兼土形

土能克水，土曰稼穡。土形對於人際之中情緒與現象的感受能力較強，通常土形特質也能助人在思考、創作上的成果更特出、更深入。但土形加乘於水形本命之上後，也令其人的思緒加多、加重，對於環境周遭大量輸入的資訊與感受，時常反覆進行深度的思考。脾土過用於思慮功能時同樣耗損大量的津液，脾陰可能時感不足，便進而刑克腎陰，因此常常顯得其人表露愁眉不展，較多憂慮，也可能在情緒中埋下一觸即發的不安定因子，轉變成為憂鬱症等精神方面的問題。或者在神經系統方面一直處於極端緊繃又不易排遣的高壓狀態，重則失眠，輕則也造成情緒的不穩定。在消化功能可以承擔的程度下，多用較有油潤質地的食材，特別是帶有火屬性的羊肉，燉煮或是燒烤都很好，以此來協助大量的補益脾胃津、血，預防脾土刑克腎水的狀況發生，是一個在家常之中非常適合多用的調理辦法。

水兼金形

金能生水，金曰從革。金形的特質偏性讓人比較循規蹈矩，傾向謹守法度。配合水形本命，對於思路脈絡的考量更深入，給人感覺其人的行為比較拘謹，沉靜而不妄動。肺系統對氣機的循行調控作用十分顯著，對於將津液轉化為氣並在經絡中通行的作用較強，氣機的加強也間接刺激血行的代謝力道增大。反過來說，氣血發散的力道雖然暢達，卻也容易顯得但出不收。若津血不足，缺乏大質量分散能量，很容易導致沉降力道偏弱。血的生成與循行的效果如果不能協調，心火則不容易透過血液的循環在肌肉之間進行代謝，難以進一步受刑克成為腎水，進入體內收藏。缺乏大量含有心火的血液，肺金便難以生出腎水。心火不暢，整體的健康狀況也不容易維持強盛。心火雖然有賴肝系統功能來輸送，但必要先以津化氣，氣在打到頂並收到底後，方轉生為血，再由肝系統收藏，成為肝系統功能的根本，這是必然的秩序。我曾經介紹過的「白蜜豬皮湯」（請參考《物性飲食》下，一八一頁）雖然看似並沒有什麼特別加強氣血運作的配伍，但其實是透過熬得入裡的豬皮來補養身體最精緻的津液。動物的皮革本來就帶有充足的金屬性，在小火慢燉後，受熱而化消，仿照人體氣血轉換的機能，調節過度化氣而生虛燥熱的偏性，成為提供人體能夠接續生血的養分。把身體所需要最精緻的津液補益到位，不溫不火，依照秩序，讓人陽極返陰，接引肺金生腎水，便自然展現出足夠的精、氣、神來。

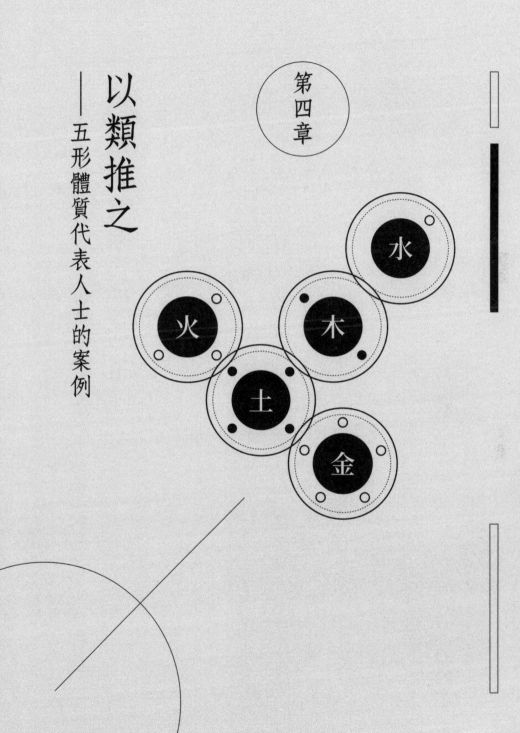

第四章

以類推之

——五形體質代表人士的案例

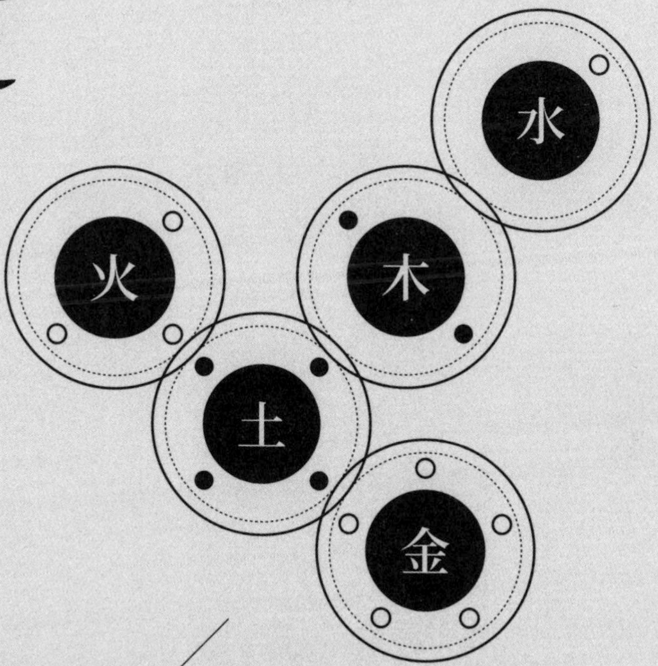

五形體質與後天情志、飲食交乘影響的推演

名人的健康狀況與生平，往往是大家關心的話題。雖然一般而言，我們還是很難深入的了解他們切身確實的狀況如何，不能說得上可窺其全豹，但是透過一些軼聞、報載等公開資料的拼湊，仍舊多少可以找到一些蛛絲馬跡，得以略知梗概。我在此為每種五形本命體質各找了兩位名人，來嘗試做案例分析與推演。觀其異同，以類推之。一方面可以透過實例演算，幫助大家熟悉本命兼形的推算程序，嘗試剖析先天與後天在交互影響下，或將產生什麼樣的效應。畢竟病證的變化雖自有邏輯，但若可援引實例佐證，比較能避免流於空談，甚至杞人憂天。一方面，自己或身旁熟識的親人若剛好與名人擁有相同的本命兼形，也不妨做個交叉比對，進行較細膩的觀察。

我們在十位名人範例中，特別均選擇已去世的非華人對象做為例子。這是因為：其一，不少人認為這些陰陽也好、八字也好，都是舊思想的東西，身為一個文明的現代人不應輕信才是。但是，我反其道而行，專找近代的非華人為例子，來證明這套理論不但可以推廣，易於應用，更跨越時代，適於全人類，不分國籍或種族。其二，許多華人雖然在嘴上不說，但心裡還是信這一套。特別是早些時候的名人，總認為生辰八字恐怕被他人轉做惡用，對自己不利，故寧可信其有。所以，在個人資料尚不夠公開、普及的年代時，可能多選擇不說，或者故意說得不正確。則如此一來，透過不正確的資料來做範例，也就失去其本意了。

雖然說，透過我所指導的執業醫師學生，我已經聽聞過許多真實的醫案資料，也的確從中驗證體質與疾病之類的關聯傾向，以及治療方針與後續變化的脈絡，若是在此介紹這些醫案，真實性以及細節的清晰度都將大幅提升。但是因為這些資料畢竟涉及病人隱私，若是未經過一一妥善相關準備動作，則在各方面的考量下都不宜貿然公開。我們在本書中的主旨是為了介紹此一學理概念，分享養生精神，並非醫案分析與醫術教戰，故本次暫不做如此安排。在此仍先略微提及，只是想做個說明：體質與日柱干支的關聯性，以及與《內經》相關條文的解讀，已經可在臨床上獲得驗證，並非空口白話。

總之，我希望能夠透過這個部分，在大家著手分析自己的狀況時，提供比較明確的邏輯分析實作，以利於做為讀解之參考。以下的案例中，除去可以嘗試了解本命兼形原本的個人體質呈現，也可認識到，在後天環境及飲食作息等的影響下，不同的體質進而產生各種不同病況的好發可能。沒有哪一種體質絕對不生某種疾病，也絕對沒有某種疾病只發生在特定的體質上。體質與飲食作息及疾病的邏輯關係，其間的複雜程度與脈絡，殊途但同歸的演變過程，是我們可從案例中再多做揣摩的地方，也能對醫家在診斷、開方時的困難之處，得以略窺一二。

在此仍做個聲明：案例分析的寫作，對於名人並沒有任何不敬的意思，雖然語涉病疾，但也無意侵犯其人的隱私；若文中的陳述與事實有所出入，還望請各方海涵。

賈桂琳・甘迺迪
Jacqueline Kennedy

一九二九～一九九四

木兼土形

一九二九年
七月二十八日

○●○●○

8 ＋ 9 ＋ 2 ＋ 2 ＝ 21；21÷10 ＝ 2…1
→日干本命 1 木形。
4 ＋ 9 ＋ 8 ＋ 2 ＝ 23；23÷12 ＝ 1…11
→日支兼形 11 土形。

做為第一夫人，相信從來很少有人可以像「賈姬」賈桂琳一般，言行舉止如此受人矚目。

賈桂琳從小家庭環境富裕，本人更是在學藝表現方面傑出，除了閱讀、寫作，對馬術也頗有心得，更在大學時代學習繪畫，獲得藝術學位。家庭環境的優沃，並沒有因此讓他失去挑戰事業的動力。本人的就業志望是記者，但是因為家人認為記者並非高尚的職業，只安排他到一家小報社工作而已，希望藉此消磨他的志氣。賈桂琳並不因此滿足，遂自力報名參與流行時尚雜誌《時尚》（Vogue）所舉辦的徵選。他投稿的報導論文以第一名的優秀成績，從為數眾多的競爭者中獲選，並得到了派駐法國學習六個月的機會。賈桂琳在幾年的記者職業經歷中，表現十分亮眼。他在英國倫敦採訪女王伊莉莎白二世加冕典禮的報導，受到許多人的喜愛，當中也包括了他未來的夫婿，約翰・甘迺迪（John Kennedy，一九一七年五月二十九日生，木兼火形）。賈桂林幾年後成為第一夫人時，還未滿三十一歲。當時的白宮並非目前一般所想像的氣派恢宏，反而因為歷任白宮主人的任意改建，雜亂無章，毛病百出。賈桂琳大手筆的擬定了重新翻修整座白宮的專案，不但將水電等基本建築結構徹底整治，更將歷任總統的文物做了妥善的安排，使其更具歷史保存與參觀的價值。賈桂琳號召他上流社會的親友認捐修繕經費、文物資料，並且在白宮完工後，設計開放付費參觀白宮的遊覽行程，同時出版白宮專刊。這本專刊除了由企劃到編排均由他一手包辦之外，更發行了多種語言的版本。另外，他還親自拍攝介紹影片，向全球介紹美國白宮的特色。這些工作，成功的讓白宮只花了少許的國家預算便得以整建，更獲得了非常出色的成果以及宣傳意義，令美國的國際形象大幅提升。此番工作除了全有賴於他精通英、法、西、義等多種語言的長才，同時也展現了賈桂琳對於編寫文稿、美學設計等的多樣才華。從個人對於時尚穿搭的品味，以至裡外大小公務一手包辦，賈桂琳活脫脫就是當時美國國際形象的焦點核心。

像這樣，把「第一夫人」當成一項事業來經營，讓總統夫婿與國家在形象以及收益上雙贏的成功女性例子，的確不多。與其說他「幫夫」，不如說他對於事業上的企圖心與工作實力，非常符合木形人對於自己挽起袖子實幹的情有獨鍾，以及兼土形對於資訊、文化、感性氛圍的認知與整合的長處。當他遭逢甘迺迪遇刺的不幸，雖然堅毅的帶著一對幼子辦完國喪，但是過多來自社會大眾的關注，加上刺殺威脅與保安護衛的如影隨形，以及偷窺式的採訪追蹤，讓他的精神面臨崩潰邊緣。在經歷第二次婚姻並結束之後，賈桂琳終於成功的擺脫媒體的糾纏，回到自己最熟悉的採訪、出版工作，一手主導了像是麥可．傑克遜（Michael Jackson，一九五八年八月二十九日生，土兼木形）等時代聞人的傳記採訪。當他擺脫群眾的目光後，他的長才方得以更盡情的開展出來。六十四歲時，因為一次意外而被發現患了名為「非霍奇金氏淋巴瘤（Non-Hodgkin lymphoma）」的淋巴腫瘤。這種疾病通常被認為與免疫能力的低落所導致的感染有關。確診兩個月後接受化療，一度被認為癒後良好，但在化療結束的兩個月再度急速惡化，最後於隔年五月去世。自確診到離世，前後不過半年的時間。這種疾病與免疫能力有關，而化療之後的自體免疫能力又容易大幅衰弱。病情急轉直下，應當也不算意外。

木兼土形的人以本命木形，長於實踐操作，又受兼形土形的影響，思緒、感受力要比其他木形人要來得更加細膩。兩相加乘，這對於需要在情感上有高敏感度的工作，像是文學、藝術的創作，自然有很大的助益，土陰借轉化木陰，木陰生木陽，故能在情緒的感受上表現出一般人少見的深入與層次堆疊，並且成功的付諸執行。但是木兼土形的人，因為兼土形的關係，對於人際關係的冷暖變化來者不拒，再加上受到本命木形的影響，同樣也因為刺激太多、太強且忙於應付，導致感到招架吃力，身心俱疲。鏡頭前的風光亮麗、八面玲瓏，在人後往往揹負了許多不為人知，自我難以排遣的精神壓力。

淋巴屬於中醫所認為的三焦系統，對於往復變化的敏感度與反應自然也是比較強烈，也可以說是肝系統中屬陽的臟器組織之一，有賴脾胃的津液來涵養。在木兼土形的人來說，這個區塊的起伏反應容易偏大，對脾陰的刑克也更容易加重。由於長年來大起大落的情志反應，積累形成虛勞，在胃氣、陽氣稍見衰退的時候，即所謂的免疫力下降，則見氣結於此，終演成腫瘤病變，應非偶然。

木形人主要特質偏落在由肝木出陽，而肝木刑克脾土，脾土受克則脾陰被借轉化為木陰，使得脾中津血容易不足。加上兼形在土，其人假若又多用脾土出陽，過度勞思，脾胃津血加倍耗用，如不能從日常飲食作息之中獲得養護，脾陰不足更將進一步刑克腎水，令腎陰受克來借轉脾陰。在情志上若未受壓抑，出陽入陰無礙，自然得以發揮諸如學習與實作等高級功能上的長才；但在情志受挫之時，三焦系統同時缺乏木陰、土陰、水陰的涵養。《內經》中所謂「陰平陽秘，精神乃治」，故當氣機滯礙，陰陽擾動，精神不治，腫瘤之類的疾病就容易因此發生在隸屬於三焦之中的組織、臟器上，例如淋巴。又因為淋巴同時受到木、土、水之陰的涵養，並能遍及三焦、腠理，與各重要臟器與組織相絡，一旦發生疾病，所謂擴散的惡化情形就很難避免。養陰首要，就在睡眠，尤其是在晚間及早就寢，不要遲過夜間十點半，這是很重要的作息條件。就我源於《桂本》所製作成的「六經流轉時辰圖」來看，九時便已進入太陰時段，脾土在此時刻起，就需要避免大量勞動四肢，或者進食化消較為不易的食物，令身體由陽返陰的機轉能夠順利。十一時則進入少陰時段，若此時還不就寢，腎水的涵養將無法得到來自脾土的支援，一定要出問題。

勞心、勞力甚鉅的人，或許常常三餐的時與量不能穩定，但是對於主食之外，若可以留意攝取相對較容易化消的豆類食品，像是豆腐、豆漿，甚至是多用穀類或豆類的發酵食品、調味品，像是醬油、豆腐乳、味噌、納豆、米麴等等，適度提升食欲與化消力道，佐以海帶、蛤蜊、牡蠣等帶有天然鹹味的水生食材，將津液引導入腎系統，都有不錯的效果。若是常能來一道蒜泥鮮蚵，或者蚵仔煎佐上醬油膏，開胃、下飯，又可以幫助身體更好的引導津液入裡。另外，像是食後適量飲用綠茶，也可以有一定的紓緩作用。當然，情志問題與健康養生雖然息息相關，這也與個人境遇以及做為等等因果不離，不可能單是光靠吃了什麼食物就可以讓人百憂頓解。雖然情志關卡必須要自己來渡，但是有一付健全的身軀為我們所用，盡最大可能做好我們能顧及的飲食作息環節，所謂「工欲善其事，必先利其器」，肉身之器能利，總是可以避免更多一些無謂的罣礙上心。

就情志的角度來說，賈桂琳在成為第一夫人之前的日子，致志於自己的目標與理想，雖然四處奔波，倒也顯得頗能自得。但在夫婿遇刺後，生活中來自四方的各種刺激與變化，又多又急，自己心中真正的想法可能更無力也無暇顧及，故常見言行多有反覆，顯現出了內心深處的激盪不平。相較於大半生波瀾壯闊的起伏境遇，或許，最後約二十年接近沒沒無聞，連倒一杯咖啡也不假手他人的幕後職業生涯，重新回歸專注於自己志向的工作上，才是賈桂琳最感到自在的日子。

艾維斯．普里斯萊
Elvis Presley

一九三五～一九七七

木兼金形

一九三五年
一月八日

○●○●○

8＋8＋3＋2＝21；21÷10＝2…1
→日干本命1木形。
8＋8＋3＋2＝21；21÷12＝1…9
→日支兼形9金形。

「貓王」艾維斯．普里斯萊可以說是一個時代的印記，在二十世紀近代流行音樂文化的歷史中，是一個不可不被提及的人物。貓王雖然早逝，享年四十二，但是他在流行音樂上的影響力可說持久不衰，至今仍然保有數個音樂方面的歷史記錄。

貓王的成名很快，十歲就開始上臺表演，並且獲獎。高中畢業後，不多久即被製作人相中，獲得職業演出的機會。木形人只要適度鍛鍊肌肉，就容易有較好的身形比例，若加上兼形金形的立體五官，對於很需要亮眼外形的演藝工作來說，誠可謂得天獨厚。木兼金形的人再加上一定的表演才華，像是貓王這般，又有吸睛的外貌，才藝兼備，乘風而起，走紅的速度與程度，恐怕任誰都難以想像。但是貓王在音樂表演上的成績出現了很大的落差，到一九七〇年左右，原本挺拔苗條的身形開始走樣，可以看得出來健康狀況有重大的問題。到一九七七年去世前，有好幾次入院急救的記錄，也曾因為肺炎以及肝炎住院。雖然貓王在健康方面的問題，通常被歸因於酗酒、藥物濫用等後天因素，而一方面他也被指出有暴飲暴食的傾向，特別對於烤得焦香的食物有極度的愛好。

金能克木，木形人在原本既有的木形人勞動實作的基礎上，又受到兼形金形的影響，更傾向於按照著自己想定的方向去做。肝木受到肺金刑克，肝陰借轉肺陰。

肝系統在人體陽氣較足的時候，看來不受影響，在體形上也多半屬於穠纖和度；但是如果隨著陽氣受到耗損，肝系統的代謝力道很快減弱，此時又缺乏肝陰來支持肝陽，心臟、肝臟的功能很快接連出現問題。代謝力道減弱的問題也容易反映在體形的變化上，屬於大起大落，兩極化的極端反應。兼形金形的特質，常見於對自己的想法與念頭的堅持，所以一旦在人生的規劃或是決定上出了亂子，自己很容易在這個課題上與自己過不去。根據在其身後才發現的文件指出，貓王雖然看來桃花很旺，不乏美女相伴，但是對於唯一攜手步上紅毯的妻子一往情深，只可惜這段婚姻僅維繫了六年。貓王在離婚後明顯精神受到打擊，對自己有意識的決定萌生反悔的意思。所謂金日從革，自己順遂了自己的意志，卻又給自己的精神上帶來了痛苦，意識與行為和感受三者之間發生了矛盾，混亂了肺金運作原有的節律，既不得從也不能革。

為了恢復肺金功能，生理機制自動加強了肺金對於肝木的刑克。在《桂本》所提及「上工治未病」的法則裡，治肝先實脾，餘臟准此，所以治肺同樣也要先實肝。但在貓王的身上，過悲傷肺，肺病又未能及時治療，繼而傳肝；肝木已經受病，此時治肝就變為首要之務，恐會傳脾，所以需要馬上著手實脾治未病，以防病變再傳于脾。治肝實脾，補用酸，助用焦苦，益用甘味。表現在行為上，貓王在這個時期明顯開始暴飲暴食，也就是一般常理解到的「以吃來紓緩壓力」的行為，其實是實脾以治肝的生理自然反應因素使然。這也可以反映在他特別偏好食物帶有焦香氣味的現象，應是為了提高實脾治肝的效果，而自發的偏愛用焦苦味來相助所造成。

有的人將這樣的行為解釋做「胖子是因為熱愛大吃大喝，愛吃油炸食物，愛吃焦香食物而來」，甚至還有將油炸食物視為「垃圾食物」的結論，不一而足。事物通常多有其限量，只是其極限差異甚鉅，從「非吃不可」到「少吃為妙」之間分布。但因噎廢食，單純一面倒的把某個大方向的因素全面禁掉，就好比把天然蔗糖與阿斯巴糖視為一致，這在邏輯上是說不通的（請參考《太極米漿粥》七四頁），也並不科學。飲食有節當然是養生鐵則之一，但是食量大的人與胖子並非正相關，反倒是飲食不節更與許多身體狀況關係密切。況且油炸食物在人類飲食文化之中由來已久，流傳甚廣，反觀近代的西藥或人工化合添加物往往用了三十年不到就製造出一堆受害者，靈藥馬上變成有重大副作用的禁藥，對比起來，很顯然油炸食物經得起時間的考驗，專門供應油炸食物的餐廳或小吃攤到處到是，根本沒問題。就我的看法，若把飲食與發胖兩者的因果關係倒轉來看：「脾將被肝傳病，生理功能產生飲食偏性的需求以自救。」可能更合乎邏輯，也更能夠幫我們順利找出自己的生理結構以及功能上，究竟在什麼部分可能出了問題。

除了正常飲食的建議配伍，在這個基礎上，透過治肝先實脾的法則運作，的確有所助益。實際選材時，食必天然，天然而新鮮的食材，自然有其甘味，這是可以足量攝取的。焦苦的部分，並非只有烤焦的食材才能提供出來，我們可以在各種經過發酵製作的食品中，進一步的挑選，借助以發酵的調理手法，或云「炮製」，來為食材添加火屬性的性味，這是解法之一。像是一般常見的巧克力，即是將可可豆發酵、烘焙、研磨而成，而天然可可製品在性味上，較有苦味，也約略帶有些微酸。只要整體配伍均衡，以可可為主要食材所製成的料理，亦可產生很好的輔助效果。同樣的，不必發生焦苦味，在出現「梅納反應（Maillard reaction）」的烹調料理中，也能產生類似的效果。

梅納反應的產生比「焦糖化反應（Caramelization）」更複雜一些，雖然兩者在近代科學上都無法完美的解釋其成因，我們在此也不多引述，但是就直觀的感官觀察來分辨：食物在較高溫而接近充分脫水的烹煮調件下，只有糖便只能發生焦糖化反應，但是若額外再加上澱粉、蛋白質等成分一起參與，才出現梅納反應。所以在一道料理之中，糖可以一部分自己發生焦糖化反應，另一部分還可以同時發生梅納反應，兩者共存，並不衝突。焦糖化反應常常直接帶出苦味，而梅納反應所能發生的香氣較多、較豐富，風味更多樣化。梅納反應除了可以解釋前述之中的油炸食物為何通常如此誘人食指大動，這個反應在我們中式料理常出現的「滷味」上頭，更是很好的應用。滷鍋之中用了大量經過發酵的豆製醬油，經過足量的火力熬煮而脫水，肉類、豆製品等各種滷料在這個烹調過程中，透過砂糖的輔佐，便發生焦糖化反應與梅納反應，再加上帶有明顯香氣的肉桂、八角、生薑等滷包配料，如虎添翼，效果更佳。砂糖在滷鍋之中，可以令食材口感多汁，容易入味，並且產生多樣化的香氣，這對於人體的脾胃作用來說，可以同樣有增加津液、引導津液入裡、令津液容易轉化特質以適合於各五臟系統補益等等好處，兩相可做類比，更讓人明白高溫烹調去水與充分糖質在補益脾胃上的必要性。

一大碗熱騰騰的白米飯，淋上噴香的滷汁，放上幾塊滷得入味的豆干、五花肉，來一顆滷蛋，是如此的療癒人心。這不只是飽腹之後的心理作用，在生理作用上的確也有無可替代的巧妙之處。貓王無緣品嚐這道臺灣極具代表性的平民美食，或許，一碗滷肉飯能夠扭轉不少悲劇的發生也不一定。

若是在類似的食物性味上誤選了咖啡，雖然也有苦味、酸味，也有炒焦，但因食材原始苦寒瀉下的物性使然，大瀉脾胃血，反而犯了《桂本》所謂「勿虛虛」的治則大忌，脾胃津血益虛，不止無利，更有大害。

貓王在正式的鑑定報告中，登載為死於心臟病發作，而在整體情況轉壞的過程之中，明顯受到人為因素的酗酒以及藥物濫用影響，破壞了身體的健康。脾土雖或免於受病，但肝木之病仍能致命。在貓王自己親筆的文件中甚至透露出，他可說是刻意的讓自己放縱於過度飲食與酗酒，並且透過服用藥物傷害身體。當然，只單靠飲食的操作，不可能迴避所有的身體損傷，特別是來自於心理因素的負面影響，但是我們仍舊希望，透過正確飲食與作息的調養，幫助自己把身體的結構與功能修復起來。肉身能夠成為我們一同走過人生的好夥伴，一同面對複雜世間事的風風雨雨。

史蒂夫．賈伯斯

Steve Jobs

一九五五～二〇一一

火兼土形

一九五五年

二月二十四日

○●○●○

4 + 9 + 8 + 2 = 23；23÷10 = 2…3

→日干本命 3 火形。

0 + 3 + 0 + 2 = 5

→日支兼形 5 土形。

做為一個科技產品的設計與創造者，賈伯斯的影響力已經超越了單純的科技應用與產品銷售。他同時也是十分成功的皮克斯（Pixar）電腦動畫公司創辦人，製作出了大獲成功的動畫電影。他對於「人」在使用「科技」的環節上，提出了相當獨到的見解，從而揉合出產品設計的理念，帶動出支持消費者的認同，為購買產品背後所附加的生活型態而埋單。他不只是銷售產品，也吸引了許多人對其使用產品的理念產生共鳴，被公認為具有「教主」般的地位。

以火形人來說，性子較急進，劍及履及，勇於創新與嘗試，不滿足於墨守成規。這點也反應在賈伯斯的生活中，當他對於社會上普遍的價值觀並不感到認同的時候，則毫不猶豫的轉為走出自己的路。像是他認為大學體制的教育對於自己無益，便放棄大學學業，但仍持續旁聽了他感到興趣的文字書寫體課程（Calligraphy Instruction）等，進行有特色、重點的學習。在兼土形的方面，通常令人表現出對於多方學習的興趣，我們可以看到賈伯斯對於周遭環境相對較少人談及的形而上的宗教，像是佛教禪宗，或其他較屬出世的思想與體驗內容，皆樂於積極接觸。這當然對於他在去世前，積極嘗試了所謂的替代療法處理他的健康問題，也不無關聯。綜觀他在事業上的成功，當然並非全然的一帆風順，甚至可謂兇險不少。但是在幾經失敗以及與合夥人的分分合合中，他依然能夠從轉變中找到堅持自己理念的做法。縱然在工作經驗之中，不少共事者指出賈伯斯獨斷，甚至專制，但也不可否認的，他一手創辦的蘋果電腦公司在將他趕走後，很快遭受到了嚴重的挫敗。而讓公司起死回生的關鍵，仍是來自於賈伯斯的重回大位。

賈伯斯創造蘋果電腦，並非單純只為了將當時的最新技術或電子元件拼湊成產品，一個很主要的因素，來自於他自己原本對於美術設計的愛好。美術設計與當時能夠呈現出相關效果的電腦技術相結合，令他產生了很大的興趣。而賈伯斯對於設計與美感上的諸多想法及要求，在往後一直與他的事業發生緊密的關係，他也持續高度的關注於自己真正感到興趣的事物。對於人文方面的強調，這正是蘋果公司與其他資訊產業公司的最大不同之處。來自矽谷的成功創業人士，多如牛毛，賣硬體、賣技術、賣服務，比比皆是。但，真正能把人文精神應用到科技產品細節中的方方面面，賈伯斯如今仍可謂之第一人者。不過畢竟人造之物，多耗人心神、多勞思，這對於火兼土形的人來說，發揮創意可說是其擅長之處，但也可說是更容易因此發生過勞損虛之弊。賈伯斯在去世前的十四年左右，即大約四十二歲起，健康狀況已經開始走下坡，這當然與他長年的積勞成疾不無關係，但是最後辭世的致命疾病主因，仍是發生在屬於中醫脾系統的胰臟上頭，一種比較罕見的神經內分泌惡性腫瘤。

在賈伯斯過世後，不免有許多專家、醫生，以及與健康有關的專欄作家紛紛跳出來指出：大家應該要多吃蔬果、少油、少酒、不菸來防癌。但是賈伯斯生前自己表示，他就是個以水果與蔬菜為主的素食者，甚至傾向生食。他不但多次斷食，經常性的浣腸，除了酷愛吃胡蘿蔔以及蘋果出了名，還自認為透過這些素食與斷食，讓他充滿了活力。這類的防癌老生常談在明顯未經查證、作足功課的狀況下，自然又硬生生的被狠甩了好幾個耳光，也再一次不由得讓人高度懷疑這類所謂「防癌保健」說法的真實性。

這套極端飲食操作當然並非來自於賈伯斯自己的突發奇想，早在當年他的大學時代，一方面源於對追求心靈上的特殊體驗深感興趣，一方面因為當時盛行反工業文明、回歸自然的思潮，賈伯斯讀過了幾本當時正熱門，鼓吹素食、不吃肉、脂肪、牛奶、澱粉類食物等，對於健康以及飲食有特殊主張的書。這一番在百年前就寫下的斷食理論，作者傳奇性的描述自己如何透過這樣的極端飲食操作、浣腸，治療自己身上在許多當時歐洲名醫口中都宣稱不治的腎臟疾病。這套描寫與論述引發賈伯斯對極端飲食操作的好奇，並且為了「排毒」以及獲得更多活力，一直間續的操作著，從大學時代到健康開始出狀況的約二十年，並維持到去世前，甚至或許還寄望能夠因此治好他的胰臟腫瘤。

這種極端飲食原來早已經反復流行過百年以上，也不脫把富含澱粉質的食物視為饑寇的中軸思想。或以鼓吹大量食用蔬果為主，有的更輔以浣腸的操作手段。說來，「生酮飲食」或「防彈咖啡」都不過是換湯不換藥、系出同源的小晚輩，甚至在早些年曾經流行過的「阿金減肥法（Atkins Diet）」，也只能算得上拾人牙慧之說而已。這類極端飲食操作的系譜，一字排開，其實脈絡分明，造成的現象也大同小異。有如時尚風潮，元素加加減減，有的主張肉多一點，有的主張油多一點，變來變去，就是那幾款。或者可能搭上了一些像是宗教之類，無關乎健康與醫療等觀念的元素，將其玄學化。又或者借用了大量類似中醫的語言，像是「好轉反應」、「瞑眩」等，令人誤解此套操作也為中醫所認可。在諸如此類的變貌中，不斷捲土重來。細數近百年來各種「排毒」、「斷食」、「低碳水化合物」、「低糖」、「多吃蔬果」等等流派的濫觴，可以說皆源於此，也可以說，整套系譜皆缺乏統一邏輯、系統性、自洽性、普遍性、可重複驗證、可推廣等等特質。雖然道理不明，但是信者頗眾，其中亦不乏如賈伯斯之流的聞人，貪的不脫是減重、治病、消除疲勞、不睡覺。

基本上，不吃穀類主食使得脾胃的津血因此失去涵養，在土克水的生克運行法則下，接著便容易引發我所謂「腎氣上衝」的問題。腎系統的津血與氣往身體的上層、外層衝出，激素的爆發與神經的亢奮，創造出一種「整個人充滿活力」的現象，但其實在本質上與吸食興奮劑的效果差別不大，也同樣令人心醉神迷，當然，也同樣對於腎系統的危害甚鉅。後來賈伯斯患有腎結石，並且在接受腎臟與輸尿管的檢查中，意外發現胰臟已經發生腫瘤。事實上，這位在百年前力說如此極端飲食的作者，阿諾．埃雷特（Arnold Ehret，一八六六年七月二十九日生，木兼火形），因為跌倒所導致的頭部骨折而死亡。《內經》中提到「腎主骨」，腎氣不足，骨質結構自然容易損傷。究竟這兩例相隔百年的病例是否都在「腎氣上衝」的「好轉」假象之下喪失自己的生命，其實這中間我們還有更多可以探討與深入的空間。附帶一提：提出阿金減肥法的倡言者，阿金博士（Robert Atkins，一九三〇年十月十七日生，金兼水形）也是在滑倒意外中，頭部外傷去世。

以賈伯斯火兼土形的體質來說，腎氣上衝所帶動的少陽相火，的確能讓他感到活力旺盛，又加上脾土克腎水，縱使刻意不把飯吃好，也還有腎水頂著。兩頭消耗腎氣、腎津來轉化心火、脾土所需，雖然對腎水的壓力非常大，但一時片刻也不易感到有異。只是在日積月累下，過度虛耗腎水的問題終會爆發，心火與脾土一旦失去腎水支撐，三者同時失調，健康問題將突如其來的接踵而至。一朝發病，往往就是一連串的致死重症。除去《內經》提示我們的「五穀為養」必須遵守之外，白米飯加上少許的好鹽與蔗糖，以海苔包捲起來，做成飯糰，裡面可以間或佐上一些滷透了的海菜，略經燒烤至有香氣，將津液更準確的引入腎系統補益，吃來既是清爽又無負擔，也不會有什麼這些理論所謂的「黏液」、「毒素」產生，照樣可以帶給人一整天滿滿的活力。相傳賈伯斯生前喜愛造訪日本，蘋果電腦直營專賣店在美國以外的第一家海外分店就開在日本東京，可見一斑。賈伯斯對於日式料理，尤其是壽司，情有獨鍾，除了赴日品嘗，就算住家、工作所在的加州，也有他經常造訪的壽司店。看來，身體還是誠實的。這類毒素、黏液說，不過只是腦子裡的人工觀念，不合於天地事實，自然不堪一擊。身體告訴你：他自然真切的需要，仍舊是米飯與肉食。賈伯斯沒能靜心傾聽自然的呼喚，在生前多吃些壽司、飯糰，的確可惜了，卻也不能怪老天爺天妒英才，沒給過活路。

附帶聊一件小插曲：當年以賈伯斯生平為題材的電影開拍，擔任飾演他的男演員艾希頓．庫奇（Ashton Kutcher，一九七八年二月七日生，金兼水形）為了揣摩角色，特意模仿賈伯斯吃「水果餐」，結果只實踐了約兩個月，在電影開拍前就因為胰臟出問題而住院治療，把這位金兼水形體質，既怕肺金受相火來克，又怕腎水受克於脾土而被掏空津液的帥哥演員給嚇壞了。

賈伯斯究竟是死於「沒有多吃蔬果防癌」？還是「積勞成疾」？或者「長年來的極端飲食操作」？還是主流醫學眼中的「偏方」？而吃了兩個月的水果餐後的胰臟病變究竟是宿命的巧合還是必然的結果？本尊與分身這兩例胰臟疾病是否都與長期的「多吃蔬果」有正相關？這廂暫且不下定論，不過，患有疾病，當然必須接受治療，但是平時要能正確的認識飲食與作息的根本原則，這更是我們一生都需要持續關注的課題。養生的重要性與優先性，絕對高於療疾。畢竟，養生是高端的醫療。

手塚治虫
Tezuka Osamu

一九二八～一九八九

火兼土形

一九二八年
十一月三日（閏年）

○●○●○

3＋2＋7＋2＝14；14÷10＝1…4
→日干本命 4 火形。
3＋0＋3＋2＝8
→日支兼形 8 土形。

手塚治虫以「漫畫之神」的稱號聞名世界，除了旺盛的創作力，一生發表了許多膾炙人口的漫畫作品，產量與產質都令人驚嘆。他一生發掘或者影響了許多後代漫畫與動畫界的優秀創作者，也創建了現代漫畫創作以及動畫製作的許多典範與理念。晚年對於生命意義與人文相關的主題探討，更將漫畫創作的深度做了大幅的推進，展現出普世認可的文學與藝術價值。綜觀手塚的作品，創作主題類別十分廣泛，繪製風格也多樣，甚至涉獵了許多專業領域。他不但是表現傑出的漫畫家、動畫創作家，更是取得醫師資格，擁有醫學博士學位的醫學專家，充分展露出火形人樂於隨興所至進行嘗試的自由性格。

手塚治虫雖然受人敬稱為「漫畫之神」，但是在漫畫創作生涯之中並非經常一帆風順，一如《內經》所言火形人「不壽暴死」般，為夢想衝刺的勁道很足，事業的起伏波動也極大。他雖然在漫畫領域上名利雙收，但是在動畫領域上就沒那麼好運氣。手塚治虫所領導製作的動畫作品，雖然同樣對動畫界貢獻卓越，首開許多先河，卻經常是慘賠不少。叫好不叫座之下，製作公司最後只能黯然結束。手塚在漫畫事業中曾經渡過數次低潮期，也受到多次來自市場與讀者喜好的潮流變化衝擊，但他總是能夠很快從中找到重新出發的起點。或許是借力於兼形土形，手塚治虫的創作風格經常不斷兼融與翻新，而能多次再創事業高峰。在多篇連載同時截稿的壓力下，手塚治虫常常仍從容不迫的以快速而準確的手法一一完稿交件，甚至還能準時出席節日、慶生等的家族活動，實也堪稱一絕。他下筆不但快速，有自信，且穩定性極高。手塚能夠不經鉛筆打底，直接用墨水完稿，徒手畫出精準工整的直線與圓，甚至在移動中的交通工具上亦然，在漫畫家多如過江之鯽的今天，仍可謂無人能及。其繪畫與觀察方面的穩定與細膩，無論是在童年時的昆蟲寫生畫，或者就讀醫學院時期的圖畫筆記，都可以看見其精準而入微的筆觸。從內在至外在，都看得出本命火形、兼形土形在專注又具多樣性的特長。尤其在創作、觀察方面，不可不說得力於兼形土形甚多。雖然手塚治虫的創作不斷走在時代前端，但是當他看到後起之秀，同屬火形本命，受世人稱為「萬畫之王」的石森章太郎（一九三八年一月二十五日生，正火形）的出色表現，更加翻新的創作手法概念，以及更超越他的海量創作，不免心生妒忌，公開惡言批評。雖然事後私下向對方道歉，尋求和解，不免落得大街罵人、小巷道歉，有失大家風度，但仍可謂大開大闔的性情中人。手塚與石森兩人在生涯之中，便一直維持著如此亦師亦徒、亦敵亦友的競合關係，十分緊密。火形人在土形兼形之下縱使表現出了過人的穩定性，但是在情感上的自由奔放性格也並沒有因此受到減損，兩位火形人可謂一同擦出了良性互動的火花。

火能生土，又云：土曰稼穡，稼穡指的就是農事生產。火兼土形，使火形人在勞思工作上的能力因為得力於兼形土形而更加豐沛。雖然工作表現上得以力求突破，百戰不殆，但也容易因此陷入過用心火而大量耗去脾土津液的操勞慣性，導致孤陽無陰，津液入脾多半化氣而較少生血，脾胃津血經常不足，長年養成過勞損傷。手塚治虫六十歲便英年早逝，死於胃癌。除了一般性的可歸因於長年積勞成疾外，為什麼好發於「胃」的理由，與其體質在本命兼形上的特性，應該也不無關聯。我常提到，綜觀來說，癌症是屬於「心火」病，當身體一處的肉體組織無法充分與心火結合時，便容易發生此類的惡性腫瘤。心火必須透過高品質、高濃度的津液來附麗，包含了血液或是水精，以利於在體內周流循環，完成與肉體上下裡外所有組織結合的機轉。脾土本來就能透過化消食物來取得津液，並且加以提煉。若在心火下降與脾土結合後，所生之氣大半轉為加重在「思」方面的高級功能作用，脾土對津液的消耗量更加放大，心火因此不能透過胃氣微和（請參考《太極米漿粥》九六頁）的作用，順降到下焦區塊，胃中缺乏心火周流的情況因而經常發生，發生惡性腫瘤這類問題的可能性，自然也一併大幅提高。

同樣的，火兼土形的體質也反映在手塚治虫有深度近視、非常喜好甜食、牙口不好等多方面的個人生理特徵上。脾陰借轉為肝陰，肝木要靠脾土的津液來養，一如《桂本》所謂「上工治未病」的舉例般，若是胃津缺乏，升降失調，肝開竅在目，眼球周圍的肌肉與視神經不能受到來自脾土的津液涵養，近視問題就容易發生。一般常認為的「用眼過度」、「光線不足」容易導致近視，我認為，這不過是誘發此種現象的原因之一罷了；古人閱讀的環境條件更差，閱讀時間也不減於現代，卻未曾聽聞古人有如當今滿街近視的「盛況」。當然，以視力保健來說，正確的用眼辦法絕對有其必要，也具有關鍵的影響力。長時間或近距離的用眼，注視電視、3C產品等發出強光的物體、螢幕，的確容易造成視力損傷，這些都是事實。但在此同時，如果身體的養分沒有充分準備好，身體的局部結構格外脆弱，受到損傷的可能性大增，功能當然也很難被穩定維持。

胃津缺乏的人更加偏好甜食，身體的反應企圖借甘味入脾來補益；胃中津血不足的人，在牙齒、牙齦等的結構上也容易出狀況。甚至有的觀點還認為：牙周病可能導致胰臟癌。依我的看法，兩者的確是一個體系的疾病現象，只不過，牙周病的好發與胰臟癌的好發看來雖確有正相關，但兩者並不存在因果關係，而是另有病機。甘味的食物容易入脾、具有土屬性的作用，但並非甘味的食物都能「補」脾，這是我在《物性飲食》書中一再強調的觀念。除了一般常見的好的甘味食材，像是蔗糖、蜂蜜之外，香蕉這樣能夠加強津液斂聚在胃中的水果，偶爾食用，除了果腹，一方面還可幫助緩降胃氣，也對這個情況較有幫助。手塚治虫可能在工作百忙中，難得好好吃上一頓飯，而甜食小點能夠隨手取用，也的確方便。除了米飯必須吃足，有時吃甜點充飢、解饞之外，間或來根香蕉，同時能夠符合方便取用的條件，對於胃氣的大量耗損，可以起到一點減緩的效果。我認為，這些有關口腔與脾系統的論述的因果關係，可能並非一般常認為的「因為愛吃甜食所以損害牙齒」，若是反過來認識：牙周不足的身體對甜食較有需求，或許可以看出更多端倪。

卡爾·拉格斐
Karl Lagerfeld

一九三三～二〇一九

土兼木形

一九三三年
九月十日

○●○●○

0 ＋ 1 ＋ 3 ＋ 2 ＝ 6
→日干本命 6 土形。
10 ＋ 11 ＋ 5 ＋ 2 ＝ 28；28÷12 ＝ 2⋯4
→日支兼形 4 木形。

「時尚大帝」、時尚界「老佛爺」，卡爾．拉格斐獨特的穿著打扮，以及長年引領時尚潮流的創作力，甚至領導多個時尚品牌重振雄風，讓銷售走向巔峰，縱使時有引起爭議的發言，但是對於許多同業來說，他在產業之中的指標性存在意義仍然是不可取代，儼然成為一部活生生的時尚教科書。除了時尚品牌的設計本業之外，卡爾更跨足精品飯品、高級品牌汽車等的設計，執導過短片以及廣告，在電玩遊戲中玩票演出，還設計過自己喜愛的飲料品牌包裝。不得不說卡爾的確對於時尚、藝術、流行文化的影響深遠。土形人原本便長於訊息的調和與感受，再加上兼形木形，在付諸行動的細節探索上，更能發揮得淋漓盡致。來自土形本命源源不絕的創作力，加上兼木形的直來直往，這些特質對於在非常需要掌握時代潮流、眾人的審美觀點、消費需求的時尚產業中，可以說是格外合致。

卡爾大半輩子都呈現出土形人很標準的體態：壯碩、厚實，甚至有點小肚子。為此，他在五十歲步入中年後，於大多數公開場合出現時的招牌打扮，就是拿著一把折扇，好用來遮掩他日漸微凸的小腹。這樣的體型原本也不是什麼壞事，但是卡爾在六十八歲的時候，還是做了一件讓許多人刮目相看的事：他花了十三個月的時間，減去了四十二公斤的體重。

減重這件事，對於卡爾來說很簡單，只是為了「好看」，讓他能夠穿得下窄版的西裝，如此而已。甚至卡爾生前也曾表示，他在減重前的健康方面其實並沒有任何問題。當然，後來他以自己的減重菜單為題材，出了一本書，還是幫他賺到了不少鈔票。而整個減重菜單的操作原則，不出意外的，還是以高蛋白質、低碳水化合物的極端飲食操作為主。這套極端飲食操作的流行並非新鮮事，也在許多必須出現在鎂光燈、大小螢幕前的名人身上得到很好的效果，這當然也助長了許多人想要跟風的興趣。雖然卡爾已經擺明了說，進行這般飲食操作的目的並非為了健康，但不可否認的，還是有不少人明示或暗示這是一套能夠增進健康的飲食法。也就是說：如果為了賭上「好看」而不論健康或性命的任何代價，照著這套方法來實踐，的確也讓人無話可說。以土形人而言，肌肉的強度是天賦，更是重要的特質，也是維繫健康的命脈。對於卡爾年近七十的時候才實踐這樣的極端飲食法，相對於一般的狀況而言，其實他是很有本錢如此操作的。當然，他如願以償了，肌肉大量的流失，的確幫他穿下了他想要的窄版西裝，好看了十六年——直到二〇一八年底，他的身體健康狀況變得很不好，以致無法參與重要的作品發表會。而在二〇一九年的二月，他因為胰臟癌的併發症去世了。

卡爾去世的時候也已經八十五歲，算得上高壽。此時再來研究是否因為這一年多的極端飲食，大瀉脾胃血，因而破壞土形人賴以維生的脾系統，又加上兼形木形原本就容易肝陰刑克脾陰，以及長年的高壓力工作，形成脾胃津血的雙重虛損，胃氣不能以緩降為順，進而導致脾系統的胰臟出問題，某個方面來說，其實意義也不大了。再加上卡爾算得上是求仁得仁，他不為了健康，就為了求個好看、要穿自己想穿的衣服，甚至不計代價，其實沒什麼不好的。至於健康、壯碩了大半輩子，從來沒有胰臟方面問題的卡爾，在達到生涯最高峰的精瘦之後的十來年，卻死於一般被認為與肥胖有高度關聯的胰臟癌，這種「好發」的判斷與歸納，也只能讓人說：匪夷所思。我知道有的觀點可能要說：幸好他有控制澱粉攝取，讓他多活十多年，而且還那麼瘦。但這種話術在邏輯上根本站不住腳，人都死了也不可逆，這種純粹消費死者的話還是別提了。至於另外一項被認為與胰臟癌有高度關聯的吸菸習慣，卡爾生前也表示，他是不菸不酒的人，直接否定了這些所謂的不良生活習慣與癌症的關係。究竟此類流傳甚廣的「胰臟癌危險因子」、「高風險族群」是否真符合普遍性的事實？被列舉出來又是否有其實質上的意義？我想，各位朋友當可自行判斷。當然，卡爾其他的生活細節與詳細的健康情形，我們難以得知，健康狀況持續發生惡化的時間有多長，也無法查證，在此僅就可供查閱的公開資料進行分析。

至於卡爾生前宣稱已經戒了他喜愛的巧克力有三十年以上的時間，也不吃糖與起司，這反倒是很可惜的事。對於高強度勞心的工作者來說，適量的巧克力可以紓緩緊繃的情緒，也有助於活化血氣的運行。天然的糖品對於調和脾胃因為勞思所引起的虛燥有很好的幫助，也有助於情緒的穩定。起司若是經過天然發酵，依古法製作，也是身體適度補充高濃度津液的好方法，同樣對於情志、勞思方面壓力較大的人有明顯助益。可見得，養生是高端的醫療，懂得自己該多吃什麼，什麼又是少吃為妙，實在是值得我們多加探索的生涯課題。倒是卡爾就算致力於減重之中，卻依然戒不了他熱愛的可樂，或許可以視為：在身體的直覺上，企圖透過借用酸味與大量的甜味，以達到引導津液補益肝系統的效果，減緩極端飲食操作直接破瀉脾血之後的大害。但是我們不妨換個菜單試試，例如，選用我們曾提到過的糖漬李子（請參考《物性飲食》上，一八〇頁），將糖漿與氣泡水調和飲用，加上適量海鹽，不但具有近似的口感與風味，對於引導津液補益至肝系統，同樣有準確而良好的幫助效果。

附帶一提的是：眾所周知，卡爾對於自己的出生年份一直閃爍其詞。曾經號稱自己出生於一九三八年，後來又自己改稱應為一九三五年。雖然多項證據都指向他的生日確為一九三三年較屬可信，但如果就五形本命來看，若生日為一九三八年九月十日，則為木兼土形，若為一九三五年九月十日，又落在正土形的體質。則無論是他後來自己推翻的一九三八年版本也好，一九三五年的版本也行，總脫不了木形與土形，與一九三三年的公認版本所呈現的體質偏性，其實可說相去不遠。無論哪個版本為真，意義都相近，一身厚實的肌肉都造不了假。說來，就算是真糊塗也好，裝糊塗也罷，人的天生偏性究竟如何，在察其言、觀其行之下，與五形本命一對照，多半還是相去不遠的。

奧黛麗．赫本
Audrey Hepburn

一九二九～一九九三

土兼金形

一九二九年
五月四日

○●○●○

4 ＋ 8 ＋ 2 ＋ 2 ＝ 16；16÷10 ＝ 1…6
→日干本命 6 土形。
4 ＋ 8 ＋ 8 ＋ 2 ＝ 22；22÷12 ＝ 1…10
→日支兼形金形。

因為過瘦而肌力不足，以及身高過高等的因素，奧黛麗．赫本被迫放棄從小一心成為芭蕾舞家的志願。他對自己的外貌其實很缺乏自信，自述並不認為自己是大明星，也不想成為大明星，但一方面又對於衣著品味很有獨到見地，在多部電影中每每引領當代時尚造型、穿搭的風潮，蔚為經典，所謂的「赫本頭」髮型仍是經年不敗。他的氣質出眾，身形優雅，但是在歌藝或演技上卻並非一直獲得相當的評價，相較來說，群眾魅力仍是更讓人印象深刻。受到童年時期經歷過極為困苦的戰爭生活影響，晚年的奧黛麗善用自身在媒體上的影響力，全力投入兒童福址相關的慈善活動，使得慈善事業的成就更超越原本演藝工作方面的成績而升華，下凡天使般的形象深植人心。後因闌尾癌過世，享壽六十三。

土形人普遍天生在大肌肉活動上的能力較高，通常很能吃，也很愛吃。但像是奧黛麗在年少時期因為碰上二戰爆發，物質短缺，逢發育時期卻又長年的不能飽餐，還差一點因為營養不足而喪命的狀況，只能說是後天失調，也可以說是為往後三度流產的不幸種下了遠因。得土性本命或兼形的體質，原本因為通常肌力較足，太陰脾土只要得養，在孕程中便較不擔心各種問題的發生。但因為後天失調的緣故，太陰不養，才導致了孕程之中諸多問題的發生。縱然因為營養不良導致肌肉強度發育不足，但他在戰前學習芭蕾的階段，舞蹈上的表現仍然獲得很高的評價。這對於原本就極需要肌力做為表現基礎的舞蹈來說，已經可說是為他的天賦做了很好的證明。在營養均衡並且運動充分的前提下，土形人可以說是很有舞蹈或者肢體運動的天賦，有本錢「多吃多動」。奧黛麗不愛出風頭，極有土形人合群、與人為善的個性。而他出色、精緻的五官與氣質，也透露出兼形金形的特質。雖然身體結構的發育因為後天而稍有缺憾，但是先天的個性與外貌，其魅力光彩仍然不能被掩蓋。

除去種族或是一定程度遺傳的因素，身高相對偏高的體質，多半有源於金克木，或是木陽較強的因素傾向，但兩者最後產生的體質偏性仍有些微不同。如奧黛麗屬於後天失調的土陰不足，腎水未得脾土保守，轉而出現腎氣上衝，間接推動肝陽加強外行，雖然有金形兼形的金克木影響，但總體來說，木陽的影響相對是偏強的。在成長期雖然三餐不繼，但身高仍然一下子就抽高了。只是這個機轉對於腎系統的負擔太大，腎血虛勞嚴重，對於往後長時間工作的體力、耐力也好，主要用以托住胎兒的腎氣也好，都有不少的損傷，也加重了原本血分可能略有不足的傾向。腎系統的氣血虛損，這或許也是造成他六十三歲不算高齡就因病辭世的主因之一。

有的人誤以為，若是常常讓孩子吃飽了，恐怕造成抑制生長激素分泌的問題，容易讓孩子將來長不高，我認為這是以偏概全的謬論。想要靠餓肚子來長高，其實是因為脾胃津血缺乏，引發腎氣上衝，這是在損傷腎氣，將來造成的問題更嚴重。腎氣正常的狀態是「厚積而薄發」：必要脾土能長保量足質精的津血，鎮守住腎水，先將腎系統的內臟、骨質養足了之後，才透過適度由陰出陽的效應，讓腎氣發動所謂的生長激素，骨頭的長度隨後才本於骨質的充實度而增加，方不致於有後遺症發生。這是正規的生理秩序。就好比我們在地表上是看不到地下水層如何的充足豐沛，但只有地下水層的量足不斷，才得以支持地表上看得到的井水百歲不枯，或是湧泉連年不竭。通常必要在白天有充分運動、充足飲食之後，晚上早早就寢，具有品質良好的睡眠，這才是孩子能夠健康長高的關鍵。現代的孩子常常動不動就過十點不睡，十二點還醒著的甚至不少，怎麼長高？這種狀態下的長高，就像竹子一樣，長度是長的，但內裡是空心的，骨質不扎實，更種下往後各種身體毛病的遠因。但是當孩子在成年之後，面臨健康狀況快速衰退、不孕不育，甚至生死存亡的時候，可能父母早就不在人世了，這筆帳到時候不知道該算誰的？某一些現學現賣速食知識的自稱育兒專家或是營養專家他們的嗎？

奧黛麗渴望美滿的家庭，為了次子的誕生，甚至甘願在演藝事業如日中天之際主動息影九年，推去多部片約，說放就放，十分乾脆。這也可以表現出他在看似柔弱的個性下，其實意志十分堅定，帶出了兼形金形對於自身意志貫徹上的能量。也可以看到在自己的孩子與家庭之前，他對於演藝事業的五光十色或者名利雙收，一如土形人的自謙，其實並沒有特別的戀棧。雖然對於家庭願意不惜犧牲一切來維繫，但每每遇人不淑，先後兩次離婚，都是在努力了十多年之後的遺憾，也帶出了土形人對於感情的感受力比較強，金形兼形在此影響之下而失去果斷做為的特質。兩段婚姻中，首任夫婿對於工作十分看重，與奧黛麗以家庭優先的價值觀有很大的出入，第二任夫婿則是婚後持續遊戲人間，對家庭的觀念較淡，在價值觀上也有重大歧異。兩段婚姻中奧黛麗都曾周旋多年，力圖挽回，但只能說，人間事並非皆可強求。長年對於情感上的搖擺與不能果斷，也可以算是在情志上造成病情惡化的另一項因素。其實，女性在生產之後，如果能夠善用產後的調養時期，也就是我們「坐月子」的文化，將孕程前後的生理機能，透過大幅度的氣血運行，令大量的津液順勢入裡，補益到我們的內臟，對於整體的健康狀況來說，其實是一個不可多得的回春機會，等同再造。像是我們建議過的花生豬蹄湯（請參考《物性飲食》上，一六六頁），不但人人適用，特別是對於女性，更好。尤其當女性在產後，以及每月的排卵期中，如果能夠經常用上，對於體內津液在三焦系統的循環與補益，很有幫助。根據一些女性朋友的親身經驗回饋：若能每月持續規律使用，身材上還有一些意想不到的驚喜變化發生，很值得一試。我誠心推薦。

我認為，闌尾在中醫觀點上屬於三焦，解剖上被認為是淋巴聚集的地方，也被認為是影響免疫力的關鍵之一。而我曾經提過，人體所謂的免疫力，就是氣的功能最強盛的區塊，屬於「太陽」（請參考《太極米漿粥》八三頁）。另外，以三焦所屬的少陽區塊來說，對氣血雙向調節的功能有直接的關聯。綜合來說，若是少陽虛弱，不能將氣血透發至太陽，則免疫力必接連受到影響。奧黛麗年少時長年飢餓導致腎氣上衝，造成晚年腎氣不足，成年後又因為情志糾結，勞思而導致脾土運化不開，再加上土兼金形的天生體質血分較少，有礙心火順降至下焦運行。合於前述三項影響，腸道因此成為可能產生癌變的好發區塊。縱使一般臨床上來說，闌尾的惡性腫瘤並不常見，但在前項多種因素交乘之下，仍有不小的發病風險。近代醫學之中有的看法認為：過去將闌尾視為是「無用的器官」之一，但是經過觀察，現代卻反認為切除過闌尾的人，大腸的功能可能因此遭受到連帶的破壞，甚至有誘發直腸癌罹患機率提高的風險。這對我認為腫瘤是起於心火不能透達的病機主因來說，也可以算是一個能夠呼應的觀察結論。

柴契爾夫人
Margaret Thatcher

一九二五～二〇一三

金兼火形

一九二五年
十月十三日

○●○●○

3＋1＋1＋2＝7
→日干本命7金形。
1＋5＋11＋2＝19；19÷12＝1…7
→日支兼形7火形。

「鐵娘子」柴契爾夫人不但是英國第一位女首相，在任十一年，也是英國在二十世紀中執政最久的首相。他在長年從政生涯中，領導許多力排眾議的主張與政策，其鮮明的政治風格，亦同樣讓人印象深刻。

柴契爾夫人就學時原主修化學，但後來又深造法律，因此取得法學背景，長於稅務法，理科、文科雙修，並幾乎在同時，從基層選舉開始從政。除了展現學習長才，若以法學、金融與政治的環境特質看來，對於堅守原則、處事明快的本命金形人而言，可以說是格外合拍。再配合其兼火形的屬性，同時具有善於從感性角度認識局勢的特長，因此在問題的切入觀點上更多見與眾不同。其所提出的政治主張常十分強硬，對於對手的抨擊也很是猛烈，這可以從他早年擔任內閣成員的時期所推動的多項政策看出，雖然推動初始造成了許多非議，甚至掀起抗爭與對立，但後來也的確帶動了群眾福利與社會改革的步伐。他明快處理了許多包括香港回歸、福島戰爭等歷史難題，更可說是全球冷戰、東西陣營對抗時代的終結者之一。

柴契爾夫人活動力旺盛，一生幾乎都活躍於政壇，縱使在其卸任首相一職之後依舊如此。金形人的氣機相對較強，而血分相對較弱，又加上兼形火形，引血外行的偏性較重，使得氣血向內涵養、收藏的力道更顯不足。晚年柴契爾夫人的健康便是在去世前的十多年中，歷經多次的輕微中風後明顯衰退，並且影響其記憶力，甚至傳出有失智的傾向。肺屬金，心屬火；肺主氣，心主力。年輕陽氣正盛時，氣、力暢旺，外行無阻，活力充沛，行事風格自然也外放而毫不掩飾，明快俐落，甚至帶給人鐵血作風的觀感。但是當年事漸長，氣血日消的時候，陽氣不再，打不到頂就難收到底，過於外放的氣血漸漸不能內斂，健康的基礎自然難以穩固，陰氣不足讓老年的身體健康狀況格外困苦。記憶、意識等高級功能，在古經方中醫的觀點，認為屬於心系統，所謂人體高級功能之中「心藏神」的範圍。心氣不足的常見表現之一，就是容易說話詞不達意，健忘，甚至易生幻覺。這些病證對於曾在全球政治局勢中獨領風騷數十年的風雲人物來說，更是難以啟齒，無法示人，這多少也造成了柴契爾夫人後續在治療上的心理阻礙。再加上據聞柴契爾夫人長年晚睡早起，若是經久如此，成了習慣，對於人體養陰更形雪上加霜。津血不藏則不利於心火的沉降，與此相關疾病的風險，也就大幅增加。另外，柴契爾夫人在晚年還曾動過膀胱以及膽囊腫瘤的切除手術，這兩個部位的問題又通常與三焦的氣機但上不下有關。這兩處的問題雖然並非直接致命的因素，但是多少也可以看出整體健康問題傾向的端倪；換句話說，當原本氣血最集中的少陽區塊已經明顯發病時，即可預見腎氣亦是強弩之末。津血不足與不能充分收藏，腎氣開始上衝，刺激相火的過量產生，並在少陽區塊的膽以及三焦加重了上衝的傾向。原本沉降不利的心火又加上相火上衝，對身體的組織產生了莫大的刺激與壓力。人體晚年的健康更有賴於腎氣的保養，而年輕時的過度耗用，虛勞損傷，卻也都是在晚年之後才開始出現明顯的後果。始知大事不妙，多半為時已晚。

心、肺功能都屬上焦區塊，而心火刑克肺金，要能夠同時涵養達成雙向調節，則更有賴於胃中津液的保全。通常以多食用羊肉、豬肉等富含脂肪，並能幫助生血的肉類為佳，或者像是芝麻、胡桃、腰果等，香氣與油脂皆屬濃厚的堅果，幫助引氣下行，也有很好的輔助。並且再加上適當的四肢肌肉活動，如導引、膏摩，期能溫通四肢腠理，令氣血雙生，而非火金刑克，或能較可轉危為安。例如我們曾經介紹過的當歸生薑羊肉湯，就是一道很適合經常選用，能夠有效幫助身體造血、養血，以利暢達心氣的湯品。

但令人惋惜的是，在柴契爾夫人晚年，由英國政府解密公開的一份機密文件顯示：他在一九七九年就任首相之後，為了讓自己「更上相」，進行了為期兩週的嚴格節食減重。而其實踐的內容，簡單說來，就是高蛋白質、低碳水化合物的飲食法，也就是當年被稱為「阿金減肥法」，現在經過略加修改，換名叫做「生酮飲食」的極端飲食操作。柴契爾夫人的減重計畫看來應該是收到一定的成效，因為，據稱這兩週下來他減去了九公斤。而這對於時值盛年的柴契爾夫人來說，就如同多數一般人，兩週的極端飲食操作還不至於一下子就把他的健康擊垮。當然，每個人在操作這套極端飲食法的時候，其人所收到的效果通常有別，在健康上引爆負面影響的時間不一、強度不同，這也造成了有心人在避重就輕的觀察與傳播下，令許多人普遍小看了這些類似極端飲食操作對身體帶來的負擔，多年之後疾病反撲的可怕。

往後柴契爾夫人是否還實踐過這樣的極端飲食操作，我們不得而知。但從他的拿手好菜，一道主要配料為羊肉，名為「牧羊人派（Shepherd's Pie）」的英國傳統菜看來，傳聞柴契爾夫人頗為好客，並且堅持親自下廚招待推想，這道料理出現在他的餐桌的機會，必定不少。縱使柴契爾夫人可能無緣得以認識當歸生薑羊肉湯，但是羊肉所能帶給他的好處，亦能透過不同的形式獲得幾分的補給。無論形式為何，常吃羊肉料理，或許也因此為他能堅持住這麼長時間的活力，帶來或多或少的挹注吧。

史蒂芬．霍金
Stephen Hawking

一九四二～二〇一八

正金形

一九四二年
一月八日

○●○●○

8 ＋ 8 ＋ 0 ＋ 2 ＝ 18；18÷10 ＝ 1…8
→日干本命 8 金形。
8 ＋ 8 ＋ 4 ＋ 2 ＝ 22；22÷12 ＝ 1…10
→日支兼形 10 金形。

以做為一位物理學家而言，史蒂芬．霍金在當代的知名度可以說是出乎尋常的高。除了他在學術研究方面的成就，霍金罹患了一種罕見的疾病，俗稱漸凍人症的「肌萎縮性脊髓側索硬化症」（Amyotrophic lateral sclerosis），他的鬥病精神同樣也獲得了眾人的掌聲。雖然自霍金發病以來，行動不便、無法言語長達五十五年，但他仍持續勇於克服嚴重的肢體障礙，嘗試挑戰，這也是格外受人矚目的一點。

本命金形，且兼形亦是金形的正金形命格，充分展現金形原本的特質。肺屬金，主氣，身體對於將津液轉化為氣的傾向特別明顯，但也因無兼形相佐，化氣太過則生血不足。在氣強血弱的體質下，也經常令神經功能特別高漲。一方面，脾土生金太過，肌肉缺乏津血滋潤而單薄，腠理緊閉，不利心火暢通，故身形多半看來格外瘦弱。此外，脾主肌，主四肢，一旦發生氣血不調，肌肉的部分，特別是四肢的隨意肌，很有可能率先發病，出現肌肉中缺乏津血而致不能自主活動的問題。在《桂本》對於此類病機的急性發病狀況，可參考「痙病」相關條文得知。更進一步來說，脾土失津不得涵養，體內缺乏我所謂「大質量分散能量」的機轉，致胃氣不能順降，整體的氣機但上不下，造成金強卻不能生水。長久如此，腎氣缺乏津液涵養、附麗易導致上衝，腎水不收，進而出現同隸屬腎系統的骨髓、骨骼，甚至脊髓、腦部方面問題的可能性，便隨之大幅提高，一併造成腎水所涵養的神經系統問題持續惡化的負面循環。同時因為肺金過強，加上腎水持續外行不收，氣血集中於腸道、膀胱作用的傾向較為明顯，也可能令漸凍人症的病情出現於這些身體部位的時程較晚。這種疾病在現代醫學之中仍有大量未知的部分，論述雖然很多，但都不成系統，因此未能做成結論，而對於治療的辦法，也同樣沒有明確的方向。不過我認為，對於古經方中醫的病機分析來說，病家在氣機方面失調的問題，若透過溫通腠理的辦法，引氣下行，於脾土結合心火，加強生血功能，令血氣暢行，應當是比較可望找出治則邏輯的觀點。

金形偏性善於操作規則，所謂金曰從革。金形獨強，展現在霍金對於物理學理研究方面的探索與演練上，格外具有長才，在個性上也被他人描述為「果斷又固執」。《內經》所謂「急心，靜悍，善為吏」等語，也在他身上得到很好的印證。金能克木，木陰受刑克而木陽外行，又木能疏瀉、條達，這也是讓他從小表現出積極於各種實驗、手工藝的一種個人特質。而氣機獨強，這或許也是在漸凍人症的病例中，霍金能在心態上透過強盛的氣機，腎主志的堅持，展現出超乎常人的高強抗壓性，支持他走過病程長達五十五年之久，成為罕見抗病歷程極長的原因之一。漸凍人症的病情進退，關乎腎氣甚鉅，應可做如是觀。秋冬較利於養陰、收藏津血，但時序進入春夏之際，陽氣升提，人體的肝木陽氣更加傾向外行，此時再加上感應於大環境在春季時的厥陰風木主氣，則可能導致升散太過，對健康不利。霍金逝於二〇一八年三月十四日，該年春分的前一週，則或多或少與此偏性有所關聯。

氣機獨盛對人體來說，通常很不容易被視為是一種「偏性」造成的問題。一方面，因為功能尚存，雖然多少造成結構上的障礙，但尚不立即致命。一方面，一般只被認為是其人意志堅定、自信格外充沛，或者掌控欲望強、喜惡分明而已。經常動用意志力來完成願望，除了正常狀態下，土生金的能量循行秩序所產生的氣機外，多半又同時加上了腎氣上衝後，轉入上焦肺臟中所發生的「宗氣反聚」效應。若未能立即排除，便令肺中氣機出現不正常的增壓。肺中氣機格外高漲下，肺金刑克肝木，肺陰傾向增加而同時肝陰傾向減少，肝陰不足導致肝陽外行，又不能及時轉生肝陽，肝系統則必須更加強收縮壓力，以結構的變化補強陽氣不足的部分，才能令肝系統裡外的壓力平衡，方得利於血液正常往復暢行。因此，一般常見的效應之一，就是隸屬肝系統的心臟經常性提高收縮壓而成「高血壓」問題。若進一步加上生血機轉不利，導致肝中藏血益發偏低，無法以大質量分散能量，壓力又不足，故舒張壓隨之升高的時候，問題將更加嚴重，更難挽回。就算血壓沒有因此高升不降，但氣機也容易使得神經系統經常處在亢奮狀態，加快高濃度水精的耗損。在微觀上，身體組織也連帶一併緊繃，開始失去原本具有「高彈性」的土屬性質地。土氣轉化金氣，便在質地上漸漸變為透發出金屬性「硬、脆」（請參考《物性飲食》上，五六頁）的偏性。縱使在血壓並不特別高的情況下，也容易在腦血管、心血管等經常承受高度壓力的區塊，因為彈性疲乏，不堪負荷，而發生出血性中風問題。而且狀況通常都是來得突然，從一般例行性的檢查，根本難以得知諸如組織質地改變等如此微觀的變化傾向。

在飲食上，屬於高濃度津液的食材，像是富含油脂的羊肉、豬肉，尚未熟固的雞蛋黃，以及油脂含量高而體積較小的核果，像是芝麻、花生，均帶有不等的「油潤」（請參考《物性飲食》上，五六頁）的水屬性津液，配合上大量的主食共用，水陰受克借轉土陰，對於引氣下行較有幫助。此外，四肢肌肉腠理的溫通，特別是在下肢及下半身的操作，能夠令小腸的機轉效能提高，連通與其相表裡的心火下降，以此增大上焦與下焦的位能差，同樣也是有效紓緩宗氣反聚問題的保養辦法。

像是霍金的狀況比較特殊，不易藉自主的肢體活動，像是導引，達成加強溫通腠理的目的，但也可透過被動式的「膏摩」來操作，同樣具有相當的助益。如果還能同時加上針灸、吐納，配合飲食、方劑，五路並用，仍然不乏好轉的機會。若是吞嚥不便，像是芝麻糊，甚至是一客冰淇淋（請參考《物性飲食》下，二三八頁），香甜宜人，滑順入口，不需咀嚼，搭配適量糖漬李子相佐，少許薄荷葉開提、解膩，更能以其高濃度的津液引心火下行，利於肝陰藏血，並調節神經功能。比起所謂高營養價值的人工化合營養補給品來說，應當更為合適，至少更能引起食欲。調理得香氣四溢的食物，對脾系統的功能即是助力。以上種種，且不說如何延長生命，但對於生命品質的提升，必能有所增益。畢竟，吃進來源天然且調理得宜的美食，能讓人心情愉悅，這絕對是恆久不變的普世價值。

五尺之軀，五臟協調，生克如法，順天應時，其複雜程度亦猶如一座小型的宇宙，精微而奧妙。上天造物之理，其實就藏在我們的體內，於晨昏作息之際，四時流轉之間，內觀便可了然，實不假苦苦外求。

羅賓．威廉斯
Robin Williams

一九五一～二〇一四

水兼土形

一九五一年
七月二十一日

○●○●○

1 ＋ 9 ＋ 7 ＋ 2 ＝ 19；19÷10 ＝ 1…9
→日干本命 9 水形。
9 ＋ 9 ＋ 3 ＋ 2 ＝ 23；23÷12 ＝ 1…11
→日支兼形 11 土形。

羅賓．威廉斯是近年來廣受大眾喜愛的美國演員之一。在羅賓的演藝生涯中，不但留下許多令人感動、發人深省的作品，演出細膩，觸動人心，也得到許多演藝獎項，表現深受肯定。羅賓除了在舞臺上的暖心演出，私下的他也為已故好友，同為知名演員的克里斯多福．李維（Christopher Reeve，一九五二年九月二十五日生，木兼土形）一肩挑起了照顧未成年幼子的責任。為了在生前意外受傷而長年臥榻不起的朋友，羅賓私下所做的各項付出，亦是十足的暖男行止。水形人心思細膩，觀察入微，再加上土形兼形，對情感的感受也較深。羅賓則進一步的表現在善於控制臉部以及聲帶等處小肌肉，故經常在演出中也能看到他的模仿長才。這些特質都有助於羅賓在展現演技的時候，更準確的抓取到感動人心的要點，提升表現力。我們可以發現在藝術創作，特別是與肢體表演有關的工作上，水形人的這項特質格外有力。

羅賓在生涯早年曾有過染上毒癮以及酗酒等問題，隨後雖然戒除，卻不算是非常成功。但是就整體來說，這同時反映出水形人多愁善感，容易累積情緒壓力，而又難以排解的特徵。特別是如羅賓這樣，水兼土形，思慮傾向更多、更深，職業上的需求又讓他必須深度的觀察、體會人心與情緒的變化，憂思的狀況亦發容易出現。舞臺上的他雖然演出過許多喜劇，引人莞爾，但私下的他或許更多的時候是愁眉不展，抑鬱寡歡，真正是「把歡樂帶給別人，把孤獨留給自己」的典型。這樣的情緒壓力，不足為外人道，但卻像滴水穿石般，浸蝕心靈。如果一有不慎，走向藥物或酒精依賴的岔路來宣泄壓力，反受到這類物質的強刺激作用，引起神經功能的亢進，少陰君火與少陽相火失常，同時外行而過量耗損水精。刺激過後，君火與相火同時反轉沉降，引起更嚴重的抑鬱、情緒低落，精神狀態更加萎靡。反覆衝擊，對刺激的需求越來越重，更是積重難返，這就是一般常見對藥物或酒精依賴成癮的機轉。羅賓身後，據他身邊的親人表述，雖然羅賓死於自殺，但在死前已經飽受各種精神與神經方面疾病所苦。除了較多人知道患有憂鬱、焦慮等狀況外，尚有與失智有關的帕金森氏症（Parkinson’s disease）、路易氏體型失智症（Dementia with Lewy bodies），除對羅賓情緒上的影響，也對他的大腦、神經，這些腎系統相關的組織，造成結構上的傷害，更進一步影響到了生活自理能力。據當時病情診斷的結果，羅賓被預估在自殺前可能只剩三年的壽命。

值得一提的是，羅賓早年曾經主演過一部名為《睡人》（Awakenings）的電影，劇情改編自真實的醫案。他飾演一位嘗試以左旋多巴（Levodopa）治療嗜睡性腦炎（Encephalitis lethargica）患者的醫生。在真實狀況中，此病的患者出現發高燒、喉嚨痛、頭痛、動作及思想遲緩、日夜顛倒（sleep inversion）、緊張症（catatonia）、疲勞等現象，急症的病人甚至可能陷入昏迷。隨著病情的發展，繼而出現眼球不正常的運動、手震、頸部僵硬、行動變異，甚至發生帕金森氏症。劇情裡面，左旋多巴一度令患者的病況好轉，但隨著持續治療，患者卻又陷入病況更嚴重惡化的副作用中。這與羅賓去世前得到的病況非常類似，但遺憾的是，現代醫學同樣沒能給出解方。

這類精神與神經方面疾病，大量耗去人體高純度的津液所轉化出的水精，出現我所謂無法藉由「大質量分散能量」的虛燥熱情況。就我們紫林中醫的觀點來看，屬於虛證，特別可以指出，是胃裡面的津液虛燥，阻礙心火下行的原因所導致，這可從病家有高燒、眼球異常運動等病證得知。對於虛證的病況，若再以壓抑病情的手段治療，只會造成更強烈的反彈；長期如此，病人對壓抑的治療手段甚至可能有成癮的傾向。這就是因為犯了《內經》所謂「勿虛虛」的治則大忌所致。也是如前述般，為何我認為有這類困擾的人，一旦陷入藥物或酒精依賴後，往往積重難返的因素。雖然在現代醫學中，未能確認此種疾病的發病因素，但就我的看法，除了充足的睡眠，於日常飲食中積極攝取較富有油脂的食材，特別像是：多用未熱固的雞蛋黃、多用豬油作菜，同時加大米飯等主食的攝取量，對於將脾胃中的津液引導至腎系統補益，將有明顯的助益。而在此同時，神經功能藉由大量津液加上胃氣的雙向調節，也有助於人穩定情緒，順降心火，在思想上避免走向極端、偏激的結果。例如：若能經常在飲食中以蛋黃醬佐餐，加強倚重《本經》對雞蛋所謂「通神」、「作虎魄神物」的效果，解除脾系統缺乏津液的燥，可令心火得以順降至脾土，與腎水在脾中調和，安腎所主之志，寧心所藏之神。對於勞心工作較為繁重的人來說，應是頗為受用。同樣善用雞蛋黃的效果，我曾經建議過的清心滑蛋粥（請參考《太極米漿粥》二一〇頁）、溏心蛋（請參考《物性飲食》下，一八九頁），都可以幫助我們在覺得精神不易放鬆，或情緒壓力較大時，讓身體的結構與功能得以更為順利的提升上來，為我們所用。特別是在睡前來一碗清心滑蛋粥，幫助身體將一天的精神壓力在睡眠中歸零，這是深獲許多朋友好評的一道料理。

飲酒甚至是藥物都只能在一時進行刺激，分散對憂思的注意力，但效力過後的低落與無力感更加沉重，更容易引人依賴而成癮，絕不是辦法。在調理方面，盡可能在晚間十點半之前就躺平、閉眼，不要在意是否能夠入睡成眠。因為，閉目就能養神，只要能養得了神，就不妨礙我們隔天的活動。再來就是對於富含脂肪，特別是動物性脂肪的食物，要更有意識的去攝取。我們不能對於食物強調所謂的療效，但請容我在此鄭重的建議朋友們：正確而充分的攝取雞蛋黃，很重要。

疾病的折磨之苦是生命的關卡。要度過這個關卡，其實不必依賴酒精或藥物，另外還有很好的方法。除了自我在思想上的調適，保有健全的肉身為使，同樣十分重要。逝者已矣，雖然以嗜睡性腦炎為名的疾病目前已無全球性的大流行，但這究竟是因為被成功防治之果，或者僅是改變了疾病診斷的標準、命名方式，所以此種病名不再出現，甚至是因為病情被藥物改變了形態而成為其他新興疾病，我們無從得知。無論將來這類的精神與神經疾病的病名又變成如何，是否有相仿的疾病名稱又被發現或是發明，只希望盡可能避免此類病家再次出現，才是眾生之福。善用食物物性之妙，在家常飲食中時而運用，確實能勝過珍稀大補。

安東尼·波登
Anthony Bourdain

一九五六～二〇一八

正水形

一九五六年
六月二十五日（閏年）

○●○●○

5 ＋ 9 ＋ 4 ＋ 2 ＝ 20；20÷10 ＝ 2…0
→日干本命 0 水形。
1 ＋ 3 ＋ 6 ＋ 2 ＝ 12；12÷12 ＝ 1…0
→日支兼形 0 水形。

「你就算是天殺的富有，完美的成功，但仍舊孤單到不行。『你不過是個騙子』的聲音只有在安眠藥效發作後才消失。」（You can be rich as hell, totally successful but still lonely AF and the 'you're nothing but a fraud' voice only goes away when the Ambien takes effect.）這是波登的前女友在他身後，對其人其事所下的觀察結語。

做為一名從廚房洗碗工開始起家的名廚，身兼小說與專欄作家、電視節目主持人等身分，波登卻不像一般多數活躍在大眾與媒體之前的名人，為了面子而文飾自己的行為或遣辭，反而他更率直，甚至可說是刻薄、辛辣的表現出他對於美食的真與美的熱愛，以及對餐館、廚房裡許多虛偽現象的評判與嘲諷。嘴上不饒人，可說是十足的正水形特質。雖然波登的打扮與行逕看來如此玩世不恭，無畏世俗眼光，但其實他走訪包含臺灣等的世界各地，透過感受當地食物，與在地人民及其生活的交流，仍不時表露出水形人善於細膩觀察與多方聯結思考等方面的長才。大膽冒險、挑戰的同時，又表露犀利的思維。波登自述年少時也曾為所欲為，在家鄉不斷到處惹麻煩，聲名狼籍。成名後，他與墨西哥平民百姓家族相處，一如與美國前總統在飲食小攤上共飲般，毫不造作，也是一慣的我行我素。在正水形的特徵上，他的膚色的確相對較深，生得方頭大面，臉部的肌肉線條清楚，特別是下頷。做事大膽，不怕得罪人，機靈，反應快，觸角又廣又深，標準的水形人風範。

波登撐過了年輕時相當漫長的一文不明歲月，但卻在從四十四歲起，開始變得富有、成功的十七年後，走上絕路。平常的他看來並非如此消沉、不耐抗壓，從他分享每年約有兩百天在外旅行的經驗中，可以看得出來：他認為旅行在外的要訣，就是別在途中生氣，並且保持對人友善。波登或許毒舌，但並不恃才傲物。他善於由飲食之中觀察在地人民，對於世間不公的義憤填膺，這些來自於眾生苦惱的現象，透過他的節目以及文字，不時流露。這份對於人文的關注熱情，雖然不免讓他發起脾氣，怒言批判，但在保有情緒的同時，並沒有讓他失去理智，自大到以為能夠插手解決這些問題。雖然波登最後以令人遺憾的方式結束生命，但是在抗壓性、理智與情緒抒發等的層面來看，波登處理這些問題似乎也並非如此的不成熟。究竟是否另有長久的忍耐與壓抑，讓心裡的結越打越死，我們雖然不得而知，但在水形人不輕易表露內心真實感受的特質下，縱使是朝夕相處的夥伴，恐怕也難以輕易得知。水形人的心思細膩並不是什麼負面問題，只不過水形人的大膽衝撞，可能讓身邊的親友忽略了他們內心深處的糾結與脆弱，或是偶爾發出的微弱求救訊號。所謂

「你要堅強」、「你要想開一點」、「有心事就要說出來」這類沒什麼來由的鼓勵，看似溫暖又包容的土屬性關懷，但是土能克水，水陰受克而水陽更傾向外行，水陽外行則轉化成為少陽相火，更易引起爆發與衝動，其實很難真切的幫助到思慮已經躁動不已、情緒難以自拔的水形人恢復到如明鏡般的水面，內心話更不易說出口。水形人的情志問題多來自於太堅強、想得太周到。堅持自己的結論，其實往往動用到更多腎水來忍耐，情緒的憋屈更讓水形人把自己的內心話埋進深處，成了悶葫蘆。除了在情緒的調適與思想的管理，我們還需要透過善於養生，藉由一套能夠讓身體的功能與結構提升上來的操作，使得我們這套肉身工具能夠發揮原本良好的效用，更有效解開心結，不假外求，這也是必要的助力。

除去情志因素之外，對於經年長途遠行的人來說，看似端坐在各種舒適的交通工具中移動，並無勞動肢體的必要，理當不至於造成身體明顯的虛耗或損傷。但其實無論是來自於交通工具長時間的低頻震動與噪音、移動中氣壓的大幅升降、溫濕度的驟變、長時間姿勢僵直造成的氣血不暢，以至於東西半球時區甚至南北半球季節的落差，都很需要人體的胃氣動用大量的津液進行高強度的雙向調節，陽氣的升降也必定在或短或長的時間內失去應有的節律。胃氣不養，陽氣失護，身體就容易出現各種健康問題。若是未經適時而充分的紓緩與調整，恢復胃氣三力，身體的疲憊必定影響精神壓力的排解。精神與神經系統一旦脆弱，則任何人或事的輕微刺激，都可能成為壓垮情緒的最後一根稻草。我們在胃氣三力之中談到「容得下」，有的朋友誤以為那只局限於談胃口好不好，其實不然。對於情緒與壓力的承受及轉換，同樣需要胃氣功能來作用。胃氣足，情緒與壓力能容得下，交給脾氣來化消。脾氣得到脾陰涵養而旺盛，同時代表肝陰有足夠的脾陰可以刑克，自然少因動怒而傷肝。不談高級功能的部分，只單看神經系統的部分：若四肢肌肉不能溫通腠理，則神經、血管叢容易因筋膜沾黏等問題而結構受到壓迫，功能就受到影響。單純結構上的問題可能表現為肢體的痠痛、屈伸不利，較容易被察覺，但若是神經功能受到影響，甚而導致內分泌失調，同樣是嚴重的勞損現象。因此，長途旅行對身體功能造成的損傷與壓力，往往是很不容易被評估的部分。許多人誤以為這些問題只需悶頭睡一覺就行，其實若胃氣與陽氣不足，胃中津液缺乏，胃氣不能順降，可能睡眠本身都要出問題。聽到過朋友分享，從美國旅行回到臺灣，光是調整時差就花了一週以上仍然沒有成功，最後是一碗清心滑蛋粥下肚，當晚立刻睡得了一場好覺。神經功能的障礙，表現形態不一而足，有的人可能表現在血壓、血糖高升不降，有的人可能是視力、聽力明顯受損，有的女性可能不易受孕，或者容易滑胎、流產。而對於需要勞心工作，特別是對於思緒相較一般而言更為縝密的水形人來說，若再加上時有遠行的需求，則必須格外注重精神與神經系統方面的保養。

對於因為經常大量耗用津血，導致造成情緒或者睡眠上的障礙，常常令人就算深感疲憊、腦筋已經一片空白，卻仍然無法入睡。睡眠這個動作對於人體來說，是極為重要而且非常講究的日常行為之一。**一要在夜間，二要以平躺的姿勢，三要閉上雙眼**，可說是睡眠的三大要素，缺一不可。就算躺平，若是在日間，因為日間的人體功能偏向陽氣提升，氣血外行，縱使睡著，也只是局部暫停身體組織的功能，減少血與氣的耗用，但對內臟的補養效果極差，也不能令心火真正的順降。而如果並未平躺，也就是脊椎不能平行於地面，則身體必有部分的隨意肌不能澈底放鬆，這些還在緊繃狀態下的肌肉導致相對應的局部腠理不能溫通，受關聯的經絡、穴道也必然受阻，自然妨礙睡眠品質，不能達到真正的休息效果。如果雙眼不能完全閉合，則瞳孔必然有部分受光，並對刺激產生反應。縱使不至於引起意識清醒，但在視覺相關肌肉仍受刺激而有微動的狀況下，心火也不能真正透過胃氣三力的作用順降而獲得涵養，並維持穩定的睡眠。睡眠品質不佳，可能造成就算時間拉長也難以恢復體力。水形人宜多用苦味食物，而我又較傾向以適當的發酵食物所帶有的火屬性，來取代真正的苦味食材，以避免天然苦味食材多有寒、瀉等，不宜常用、多用的問題。味噌以黃豆為主，輔以米、小麥發酵製成，並以食鹽調味。透過豆類、穀類原料本身就有補益津液的效果，發酵後帶有火屬性，更加強小腸為中心的運作力道。調味的自然鹽，更以鹹味加速引導化消後的食材津液入腎。若做成烤魚醬料，或再加醬油等調製，以紅燒手法調理，在易於化消的基礎上，更將小腸與胃的位能差拉大，引導胃氣易於順降至小腸，令心火入裡收藏。收到底，自然能打倒頂，好的睡眠品質就能帶來全身更飽足的活力。夜間提升睡眠品質，日間氣血達成良好的循環效果，內臟的休養自然也越來越深層。

天生萬物以養人，許多身邊的家常食材，經過適當的調理，適時、適量的取用，都對於我們的生活有很好的幫助。藥食同源的精要，亦在於此。享用美食，食為人良，這是上天好生之德所給予萬物的方便法門。無論如何，請千萬不要濫用藥物，更不要走上絕路。

第五章

常序與權變

——常見其他極端飲食法對五形體質的影響

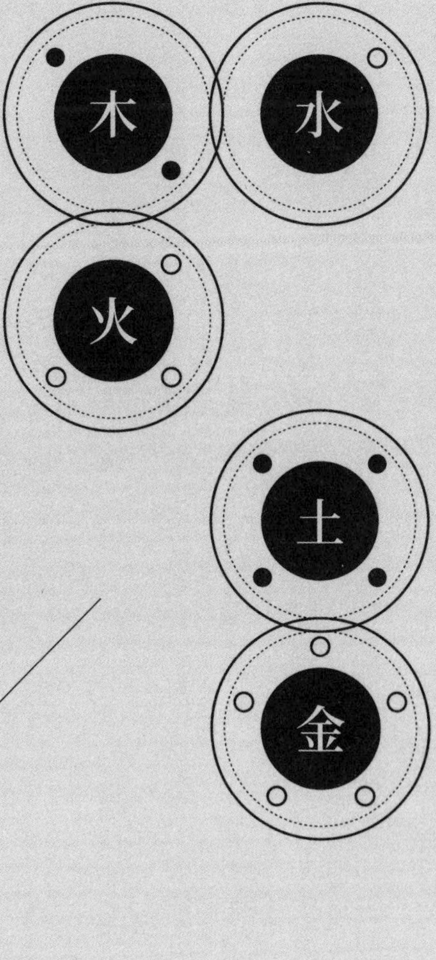

○●○●○

依病證治病，不是依體質治病

生病吃藥的時候，是否也需要先顧慮體質？我認為：不需要。

療疾的辦法，通常判斷的依據，就是每個人當下的狀況，以及人體基本生理運作的需求，亦即我們說到過的「生理」與「醫理」的考量。每位病家當下的病況，所謂「病證」，即是受到先天體質加上後天諸多因素的合併影響，故依病證進行療疾的判斷，已經足夠充分。通常就算對體質有所考量，那也必須放到考量秩序的後面一個順位，在我們探知所有的病證，即「辨證」，並且據以判斷清楚導致生病的因素，亦即我們所謂的「病理」問題後，體質的因素，僅影響手法輕重的衡量上，略有一些斟酌、微調，而在治療、用方的方針上，各種大方向、大原則仍然保持一致。《桂本》提到「夫病痼疾，加以卒病，當先治其卒病，後乃治其痼疾也。」（〈雜病例第五．三．八九〉）等語，就是這個意思。簡單的說，「看體質開方」這句話在邏輯上根本就犯了疊床架屋的毛病，多此一舉，錯置辨證與體質的秩序。

舉個例子來說，《桂本》對於有一種叫做「心下有水氣」的病理分析。這是病家在得了歸屬於太陽病的感冒時，根據辨證而做出的結論（「傷寒，表不解，心下有水氣，乾嘔，發熱而咳，或渴，或利，或噎，或小便不利，少腹滿，或喘者，小青龍湯主之。……若渴去半夏，加栝蔞根三兩；若微利，若噎者，去麻黃，加附子一枚；若小便不利，少腹滿者，去麻黃，加茯苓四兩；若喘者，加杏仁半升，去皮尖。」〈辨太陽病脈證並治中．七．九〉）。對於每一個正在發生「心下有水氣」問題的病家來說，就算給的是同一首方子，也因為每位病家當下病證的內容有一、兩處的不同，而決定是否要再加減一、兩味藥材。整個由分析到處方的過程，完全不必考量所謂的體質問題，僅依據病證為唯一標準。又例如，《桂本》在對於某一種被歸類於「太陰病」病況的描述下，認為：如果其人胃氣較弱，對大黃、芍藥的用量，需要酌情減量（「太陰病，脈弱，其人續自便利，設當行大黃、芍藥者，宜減之，以其人胃氣弱，易動故也。」〈辨太陰病脈證並治．十．十八〉），大抵上也只有這樣少數的情況下，才強調對個別藥材的用量特別做微調。但這亦非優先考量「體質」，仍是先基於「病證」的綜合情況後，才做判斷。也就是說，病家其人的身體狀況較弱，胃氣或是陽氣有所不足，那仍然不是「體質」，應依舊歸屬到「病證」的範疇中來討論。

以我的看法：只有「隨證處方」，沒有「隨體質處方」的道理。「某一首方對於某種體質的人特別有效」、「每個人一定有某首藥方特別能解他的各種病證」，或是「你這個叫某某方、某某經體質」、「同一病證對不同體質的人要用不同的方子」之類的說法，在根本上恐怕就是對於「體質」、「病證」、「生理」、「醫理」、「藥理」、「病理」、「辨證」等的環節，有認知上的不確實或不完整之處。若以我的看法，只要經過確實而深入的辨證，仔細而沒有疏漏，同樣病證的各個病家就是給相同的藥方，甚至可以做到大批量的同時治療。此一原則在面對流行性疫病時，將格外有意義。而我認為，這即是《桂本》寫作的原意，同樣也是《桂本》成書後一千八百年間，經得起億萬人持續不斷考驗的原因。甚至在我的理想中，這個程度的辨證工作，因為只涉及邏輯化的病理判斷，其實人工智能（Artificial Intelligence；AI）就可以做到，只是最後的處方，因為尚需對病家其人的氣色、神態、情志等做確認，科技目前無法做好這些環節，故仍必須要素養足夠的醫家來操作，才能稱上萬全。

養生的重點，在於支持人體正常生理運作的需求。因每個人的生理結構及功能，大抵上別無二致，依循運作的原理，都是一般，所以，我們每天必須注意到的事項，總歸來說並不會有太大的出入。即所謂：江山易改，本性難移。後天的影響雖然也很深，但對於先天的體質來說，卻不容易產生大翻盤程度的鉅幅變化。好比說：如果飲食不節，作息不調，用藥不當，則無論什麼體質的人都會發生近視；一旦其人發生近視，則表示與具有相同狀況的他人之間，病理上的偏性多是相仿。常規來說，人都不應該熬夜，但水形人偶爾熬一次夜，因氣血尚能內藏，則不良影響還不會立即明顯表現；但金形人若是一日晚睡，氣血難收，隔天則水腫、頭暈、精神不濟，隨即狀況百出，較不易恢復。這就是先天體質的差異。又或者，無論是火形人、木形人，胃氣都是人體基本功能最重要的一環，所以，任何人的正餐要以米麵主食為重，這是必然的常序；若在養生方面，平時多喝太極米漿粥，養胃氣、護陽氣，絕對是百分之百適合，不存在有任何例外。就算是在病時療疾，體質的差異至多就是顯示出病家其人在癒後所可能呈現的恢復效果不同，也不至於出現如「有效」、「沒效」之類的大差異。像是我們在前面所說，金形本命體質的人比較容易有血不足而導致上火的情形。同樣的，兼形金形的體質，也容易或多或少具有這方面的傾向。但是反過來說，如果其人發生「津液太少又不能充分生血、養血」的問題時，這樣的病機就與金形人相似，則無論什麼體質，都容易上火。換個角度來說，金形本命或是兼形的人，在體質上因為生血、養血的速度普遍較慢，所以在病證解除後，在調理上須更多加注意，給予適切的飲食配伍，這，就又回歸到我們在談論的「養生」的重點了。

坊間常見的說法認為：療疾的時候不可以談養生，平時養生沒有什麼明顯的效果可言。我們紫林中醫卻認為：療疾的時候更要重視養生，平時養生就可以明顯讓我們的健康好起來，減少不必要的醫藥。兩者不同的關鍵，在於：我們紫林中醫透過「溫通腠理」的大一統醫理，掌握了療疾與養生兩者一貫的核心，並用物性邏輯認識所有常見食材與藥材，所以家常飲食當然可以勝過珍稀大補。太極米漿粥只是家常料理，沒有療效，卻能適合每種體質，沒有食用禁忌，讓常年飽受各種身體毛病困擾的朋友們，個個驚豔不已。許許多多鐵一般的事實，就是我透過我所謂「經方化家常」，旨在鬆動當前各種對於「體質」、「養生」、「療疾」、「營養」等等刻板印象的最佳成果。為所有朋友在家常之中，開出一條重拾健康的大道。

所以，五形本命體質對於我們平時養生上的意義，比在病時療疾的時候還要更多一些。如果是醫家於醫治病家的場合，則因為病家其人已在病況之中，所以更需要關注的是「辨證論治」、「隨證處方」這些方面。施治的辦法不因為病家的五形本命而有不同，一切只有病證的考量。所以，就算不清楚病人的五形本命，也一點問題都沒有，放手辨證就是。若只管療疾，足矣。又如五運六氣流年，因為平等的影響到不同體質的人體身上，對不同體質的人體的影響強度深淺不一，在養生方面同樣值得我們特別留意。像是以我的經驗，二〇一九年厥陰風木司天，若是素來肝有痼疾、虛弱，或者金形體質的人，肝系統的毛病會特別嚴重，至少也會發現：睡不沉穩、容易起斑疹、感冒不易康復、牙齦容易疼痛，甚至如果肝一旦受到感染，很快會引發重症。當然，目前為止的正式學術調查數據，可說是完全沒有針對五運六氣及陰陽二十五人體質進行交叉比對分析的研究，所以當前我們沒辦法從這個方面舉出先天與後天對疾病流行有關的明確事證。但是，沒有做過調查、沒有數據，不代表這種普遍性存在的事實是無稽之談，這只能說明當前的學術界在「做實驗」這件事上還做得不夠深入、不夠確實而已。所幸，單憑根據《內經》、《本經》、《桂本》等古經方中醫的經典著述，我們一樣可以為自己找到「乘天地之正」的養生之道，達到「御六氣之辯」的保身長全目標。

有一些號稱是「養生」辦法的極端飲食操作，諸如：「這樣吃減重」、「這樣吃降血壓」，甚至「這樣吃可以治療糖尿病」等，其實背後都帶有明確的「療疾」目的。既是「療疾」，對中醫來說，則「辨證」就絕對不可或缺。這些操作辦法應該被視為極具針對性，並非多數人可以輕易嘗試，應該有明確的操作條件、暫停或中止的指標，並應隨時處在高度的監控下，一併附帶有專業的指導，甚至應該有傷害發生時的緊急對策。這不該是在「養生」辦法之中應有的狀況，更不該是人人看了幾分鐘的電視、幾篇網路文章，甚至幾本市售的休閒書籍，就貿然著手嘗試。縱使法律對這類的資訊未有禁止或規範，但我們自己也應當學習怎麼明辨這些資訊，主動保護自己，不讓自己隨意曝露在未經查明的高度健康風險環境中。在缺乏「辨證論治」、「隨證處方」的嚴謹操作秩序前提下，一些極端飲食操作遠遠偏離了我們對於養生的期待與需求，而且對於不同體質的人更造成不同方面，或強或弱的功能與結構損傷。輕則致病，重則喪命。所以，在談到「養生」的同時，我認為，也需要針對這些一般坊間認為是「養生」，但其實本質上是「療疾」，同時也很容易在實踐中產生健康風險的操作辦法，進行一些分析與探討，供做朋友們的參考之一。畢竟，為了追求健康反倒失去健康，捨本逐末，怎麼說，都是憾事。

《桂本》提及「病之變證，難以殫論，能合色脈，可以萬全。」（〈平脈法第一．一．十一〉）臨床療疾之時，可以見得「辨證」的工夫有多重要，多需要醫家的潛心修為，也多不容易澈底掌握。因此，以下提到各種體質所關聯可能好發的疾病，僅供做各位朋友們日常保健的參考，以及研究病理時，生克機轉與疾病好發傾向的邏輯概觀。這並不代表「某種體質的人才會或者絕不會生什麼病」，若實際發生病證，則仍然必要參看各種條件，依辨證的結果施治處方。

斷食

很多人說，不吃東西自然就挨餓了，哪裡需要什麼技巧。的確，從生物本能的自動減少進食，甚至中斷進食，到所謂有流程、有辦法的操作，挨餓的大前提有很多變化，但結果都是一樣的。從古早就已經流傳，操作起來複雜而且禁忌很多的「倒倉法」，到結合宗教色彩的「斷食」、「辟穀」。雖然實際上的操作細節略有不同，但總歸就是：餓肚子。也因此，有的人主張斷食是自然的本能，甚至是一種回歸自然、返璞歸真的儀式或象徵意義，能夠帶給人體活力以及治療疾病的能力，還被認為是與大自然結合、天人合一之類的過程。但事實上，動物如果停止進食，通常都是已經有重大疾病發生的時候；而持續停止進食，也常出現生病的動物體力、活力大幅衰退，快速失溫，導致餓死、凍死、病死的結果。事實上，動物斷食並不經常帶來好的下場，直接步向死亡的例子更不在少數。動物在受到治療並康復後，我們馬上就能觀察到動物願意主動恢復進食，而且隨著胃口越來越好，排便正常，可以得知：動物的身體已經重新充滿活力。可見得，我所謂「養胃氣、護陽氣」的法則，在動物身上仍然適用，毫無違和。在我的網頁上，朋友曾分享一則他的親友的實例：親友家中養的老狗，被獸醫診斷腎臟功能已經衰竭，狗兒本身也沒有食欲，不再進食，連水都不喝，獸醫認為不能治療了。但親友開始給狗兒灌入一些混了雞湯的太極米漿粥後，狗兒不一會竟然開始有食欲，排尿、排便更逐漸恢復正常，慢慢的願意吃進更多的食物，終於又恢復食欲以及活力。如果把這個狀態視為「狗兒斷食自救」、「天然的自體療癒」，毫不作為，那麼飼主最後必定只能落淚收屍而已。這類靠著太極米漿粥讓家中的貓、狗等寵物恢復胃氣的例子，透過朋友們的分享，我這十數年來也算見聞不少了，這當然是一般所謂「粥只是澱粉質糊化」等營養學看法所絕對無法解釋的現象。

所以我們應該反過來看：人體在出現胃口不佳，自動發生不想進食的狀態時，這明顯就是受病的狀況，因為胃氣已經受損，胃氣三力的表現失常，應當盡速接受調理，恢復進食的胃口。而刻意不進食，無論其操作的方法如何，無論是否帶有療疾的預設目的，多少都帶有「令疾病更加惡化」，甚至導致死亡的風險，操作者必須要清楚的有此認知。當然，有些人體自救現象的啟動的確是在中斷進食後發生，像現代醫學在研究一種的「自噬作用」（Autophagy）現象。當人體在持續飢餓一段時間後，將開始分解身體自己原有的細胞，並且同時提高部分對於感染、發炎等症狀自療的反應，體重減輕、血壓下降，甚至能重組神經細胞，許多疾病因此似乎顯得有解，甚至還拿到了諾貝爾醫學獎。但這些受到強刺激之後產生的生理現象，是否可以做為常模來操作？他的美妙效應之後，是否可能連帶著我們既承受不起也排除不了的嚴重代價？其實，透過我們以「胃氣三力」高度概括《桂本》對於生理機轉的認識，已經可以略知一二了。

在《桂本》中，多處都曾提及病家飲食因為受病而有減退的影響，諸如「濕氣在外，因風相搏，流於經絡，骨節煩疼，臥不欲食，……」（〈濕病脈證並治第九．五．二一〉）、「傷寒五六日，中風，往來寒熱，胸脇苦滿，默默不欲食飲，……」（〈辨太陽病脈證並治中．七．六八〉）等條文，均以此來進行辨證。所以我們必須知道：自發性的食量減退，這是病證，至少也是亞健康的表現，絕對不是健康人體的功能表現。一般人或許也有過例如「午餐吃多了，晚餐沒食欲」的經驗，同樣也是脾胃略有損傷的現象。站在醫術的角度來看，這當然不是什麼「回歸自然」、

「天人合一」之類的辨法。若提到刻意減少、停止進食，也就是自己主動餓肚子的部分，《桂本》也僅提出「大病已解，而日暮微煩者，以病新差，人強與穀，脾胃之氣尚弱，不能消穀，故令微煩。損穀則愈。」（〈辨痙陰陽易差後病脈證並治．十二．四四〉）這處描述而已。他的前提是「大病已解」，也就是這個病家要在「療疾」已經完成，沒有病證之後，只是脾胃之氣虛弱，需要注意一開始攝取的食量不能突然增多。這中間用到了「人強與穀」的描述，就是「其人勉強硬要吃下過多食物」的意思，這表示還因為先有了「違反身體感受而過量進食」的事實發生，才須「損穀」，也就是「主動減少進食」或者「暫時停止進食」，做為等待脾胃之氣恢復的手段而已。當然，在脾胃之氣恢復之後，也是需要，而且必定要逐漸的重新開始進食，並非可以一直無限「損穀」下去，更不是治療的通則。這裡所謂的「損穀」，也不過就是給身體多一點的時間來化消當下無法即時處理完全的飲食而已，並非暫停進食這個操作手法含有什麼驚人、神秘的治療效果。

木形人斷食的影響

木形體質的人如果常發生木陰刑克土陰的問題傾向，不吃東西可能覺得無所謂，食量偏少，甚至可能原來就經常對於進食沒什麼特別的想法。但是木形人刑克土陰所造成的「不吃飯也無所謂」並非天賦異秉，而是因為脾土受肝木刑克而受病的表現，是胃氣有所減損的反應，可以導致四肢肌肉傾向瘦弱，間接影響心臟代謝的功能。木形人可能覺得斷食實踐起來的感覺很自然，但是脾土長期受克，缺乏可供應至三焦的津液，則體側連帶胸腔容易疼痛，或者容易耳鳴、頭暈，導致三焦的內分泌腺體發生病變的可能性自然隨之大增。

火形人斷食的影響

火形體質的人如果沒把飯吃好、吃足，缺乏可供生血的津液，加上血行較快，顯得特別乾瘦，但是也因為缺乏津液，特別是質地較油潤的津液，內臟因此變得偏燥，腸道無法潤滑，二便可能較容易不通。雖然不吃東西好像對火形人來說影響不大，但是因為脾胃的津液不足，心火不能透過足量的血液流布周身，血液的量少，血熱、血燥，人的性格就格外容易顯得暴躁。而體表因為缺乏高純度而質輕的津液滋潤，膚色紅裡透黑、暗沉，甚至容易脫屑、乾癢等的問題，也更為好發。

○● 土形人斷食的影響

土形體質的人，通常消化功能不錯，食欲多是正常，反倒是肚子一餓就頭昏眼花，坐立難安，很難叫他不吃飯。要土形人刻意斷食，其實不大容易。如果土形人突然變得不怎麼愛吃飯，那肯定是因為疾病的關係，要趕緊辨證，進行治療。如果土形人刻意挨餓，脾胃功能馬上受損，這對於跟著胃氣進行升降反應的膽與三焦來說，可說是首當其衝。脾胃少津，引濕氣入侵，造成胃氣不能順降，面部、腳背、下肢就容易水腫，甚至呼吸變得較短淺，一有動作就容易喘。

○● 金形人斷食的影響

金形體質的人一旦飲食無節或者不均衡，化氣有餘而生血不足，人顯得格外蒼白、無血色。斷食之後，脾胃的津液耗竭，腎氣在脾土缺乏充分津液、血液的涵養、調控之下，大量上衝，並且容易往肺系統積聚。肺氣的壓力大幅增高，容易引發喘、咳，甚至胸口緊悶、喉頭緊縮的感覺。傷了胃氣，食量變得更小，稍微多吃點東西就容易嘔逆。鼻腔與大腸若是在血少的狀況下又受了熱邪，出血的狀況也容易增加。

○● 水形人斷食的影響

水形體質的人可以很能忍餓，也可以大吃大喝。通常斷食、餓一下肚子之後，很快就瘦個幾公斤，看起來很讓人開心，但是一開吃就復胖，復胖反彈的程度之大，又往往令人厭世。反復挨餓與進食，最容易發生「溜溜球」式的體重下降與彈升。並且隨著每一次的反彈，腎氣在身體的外層轉化為脂肪的型態留滯，復胖更嚴重。腎氣上衝越發不容易恢復，身體的問題自然也就更多。傷了腎氣，隨後接踵而來的將是許多免疫力下降的高風險問題，更加來勢洶洶。

○●○●○

生酮飲食

不吃主食加上多菜少肉或多肉少菜

單純的斷食，也就是挨餓，對於絕大多數的人來說都十分難熬，接受度自然不高，除非少數人士格外富有宗教情懷，或者極具挑戰、實驗精神，否則少有人可以真正能承受自發性長時間、反復操作的斷食。於是有的人開始傾向找出：是否仍然吃一點食物，但也能操作出同樣，或者至少近似的效果。首先，就是把目光投放到「主食」上頭。因此我認為，不吃主食可以視為斷食挨餓的「不老實」版本。單獨排除米飯、麵類等主食這部分，其他的食物仍然攝取，表面上看起來仍舊保持進食，但因為胃中還是能夠產生一定的飽足感，想吃什麼、愛吃什麼，都能吃，並沒有真正的挨餓、空著肚子，口腹之欲基本上不受影響。這也是一般最被接受的模式，甚至可以說是當前大部分經濟條件較好的國家地區普遍盛行的觀念。

我們一再重複提到《內經》「五穀為養」的觀念。所以，不吃主食，可以說是有針對性、高效率的對胃氣進行破壞，但不遮斷其他食物對其餘四臟的補養。這樣的操作在短期內看來一切尚好，比單純挨餓的傷害略小一點，不容易立即致命。但是，不吃主食畢竟直接損傷胃氣，久了，縱使損傷的幅度再小，也影響脾胃對於其他食物的化消，以及與其餘四臟之間的補養效果。食物本身就算含有極為優質的津液，就算易於化消、吸收，但大半僅得「穿腸而過」，所以實質上都是或早或晚等同於全面挨餓的意義罷了。畢竟，無論最後食物補養至身體何處，都必先經過胃氣的化消、吸收、運化，才能灌溉全身，產生效果（見前述〈金形本命與五行交乘變化〉）。最容易看到的狀況，就是一般常稱「富貴病」的糖尿病、痛風，或者「血壓高、血脂高、血糖高」的三高傾向，變得好發。這類疾病的病機其實主要都是來自於長期嚴重的主食攝取不足，脾胃的津液、血液虛損所造成的功能異常病變。為什麼叫做「富貴病」？以我的看法：從過去到現在，人們一旦開始有點財富，多半很快捨棄粗茶淡飯，轉向擁抱山珍海味的奇巧料理。最直接的影響，就是少吃，甚至不吃米飯。我聽過一位從小家境不錯的朋友自己說到：他從小就不愛吃白米飯，對於煲得通透的湯品倒是愛喝。就現代的營養學來看，不吃白米飯，還有許多其他飲食可以替補，甚至在營養成分的均衡上可說毫無問題，並沒有什麼營養成分是白米飯所獨有而無可取代。但，這就是我在《太極米漿粥》已經指出過的：於哲學層次上，若只看微觀營養成分，不看較大尺度的物種物性，結果米飯就只是一堆澱粉加上少數隨處可見的維生素、礦物質與纖維質而已，熱量居多，營養價值不高。由這個角度來看，不吃米飯，大幅減少熱量的攝取，更可減重，甚至反認為好處不少。更有人主張：現代生活的肢體勞動少，熱量需求較低，米飯主食這種澱粉含量多、熱量含量高的食材，更該積極少吃或不吃。這一切乍看來都言之成理，但操作起來卻老是漏洞百出，醫不好人，痛風照樣是痛得要命，三高則是越控制越高。最大的問題，在於：現代營養學看不明白《內經》「五穀為養」這句話的學理高度在哪裡。就像有不少中、西醫或營養專家，想要嘗試評論我的太極米漿粥，說那不過是「糊化的澱粉質」或是「水解葡萄糖液」，對人體根本不可能有什麼特別的補養效果。但他們卻怎麼也不能解釋：同樣糊化的澱粉質，拿馬鈴薯等其他的食材來煮化，就無法具有一樣的養生意義；說是水解葡萄糖，西藥房裡早就人人可以買到水解葡萄糖液的商品，但為何喝這些個商品卻不能達成一樣的養生效果。我的太極米漿粥，僅僅是一碗清水煮大米，但是選材講究，比例講究，熬煮方法講究，喝法講究，最後就是創造出營養學、生理學、各科醫學等現代醫學所不能解釋，其他粥品所不能比擬，具有普遍性，又可反覆驗證的養生聖品，展現出我所謂「經方化家常」的實力。因此，所謂研究糖尿病的專家學者，幾乎人人都說糖尿病患者不宜喝粥，要控制米飯、澱粉、糖質的攝取，但當我在指導我的中醫師學生處方時，喝了太極米漿粥的糖尿病患者同時接受治療，配合正餐最少一百五十克的白米飯，降糖效果又是出奇的好，甚至就連痛風患者都可以對所謂普林質的食材全無禁忌。又如一位年屆七十，十年來三高問題持續使用西藥控制，到後來，北京各大中、西醫院都拒絕收治，多位醫生均表示已經無藥可開、不能再控制的老病家，同時又有：數個器官已遭切除、腦萎縮、血栓等多重的病變，而在接受我紫林中醫手法積極治療的三個月期間，全程大口白米飯、太極米漿粥代替飲水，不但把十年來不斷加重到一天十多顆用以控制三高、血栓等病變的西藥給全部停用，既沒有併發，沒有不適，數值也都在正常範圍，而且氣色變好，膚色由蠟黃暗沉轉為白亮光滑，原本乾枯的肌肉與膚質恢復彈性，體重與體力增加，可以說是完全恢復到一般正常飲食作息的生活中，只需注意養生即可。而這些病家在重用的，又全都是營養學最不看重的稻米，而且還是精白粳米，既不是糙米，更不是胚芽米。到現在仍然沒有任何一位中、西醫可以解釋，可以評論，但是我們紫林中醫不但依循《內經》、《本經》、《桂本》的古經方中醫理論，率先整理提出，更在養生、療疾中予以實踐：米飯主食，無論在平時或是病時，都一樣萬不可少，絕對不需要，也不可以在任何狀態與理由下，任意減用，甚至中斷。

在西方「還原論」的哲學思想下，只要含有同樣的營養素，從動物或是植物類來源取得似乎都不太重要，甚至透過藥錠來補充，也變得可以接受。但是我們在《太極米漿粥》已經評論過，《內經》特地將不同類的食材界定出用量佔比應為較多或是較少，使用價值分別為主或是為從的意義，表示：就算談到所謂的養分，也絕非齊頭式的平等。雖說不同的食材之間不可偏廢，過多的肉食或是蔬食自然都不理想，但這之間的多或少，相對定義要以何為準？這便涉及基本定義上的看法。所以，在最為極端的斷食之後，觀念推展到了以不吃主食為基礎的不老實挨餓操作。但是，無論做任何的偏食操作，卻都以「補充大量營養補給藥物與激素」為不可缺乏的一環。就實質的意義來說，其實也等同於承認「不吃主食的飲食法過度極端，已經脫離一般正常生物可承受的自然生存條件，必須受到人造物質的控制，正常生理機制絕對無法負荷，更無法做為治療或是保健手段」的結論。如此看來，這絕對是導致疾病的操作，而非保健養生，更不能療疾。

不吃主食的飲食法，在操作的過程中最看重的一項生理指標，在於身體中的「酮體」變化：如果酮體持續產生，就表示控制有效，而只要酮體可以持續生成，澱粉、糖質、主食等各種受監控的食物就必須持續限用下去。但是換句話說，酮體持續產生，就是我所謂「腎氣上衝」的表現之一。酮體一般被認為是在人體挨餓，或者某些病態下，透過人體肝細胞所產生的一種化合物。酮體若是過度產生，對人體來說會引起所謂「酮酸中毒」的病症，嚴重時當然也很容易致命。而不吃主食或斷食時，都可引起酮體產生，故直觀來看，不吃主食與斷食的差別不大。有的醫生認為，胎兒在四個月前的臍帶血或絨毛中，發現高酮體值與低血糖，就直觀斷定高酮體值對人體無害，甚至認為是人類起源的根本。我認為，其實這是非常嚴重的偏見與謬論。胎兒在三個月時，僅有基本的肉體結構，四個月開始，才出現簡單的吸吮或是吞嚥動作，長成聲帶、味蕾等較細部的組織，胰腺等腺體也開始活動。依我的評論，這剛好證明了從四個月之後，脾胃始得產生功能，也就是中醫所謂「後天之本」的胃氣已經開始運作。從這個時間點斷開，剛好就是人體依「先天之本」或「後天之本」存活的主從傾向交界之時。胎兒可以在前三個月依賴高酮體存活，是因為：其一，胃氣根本不存在，只能依賴先天之氣的腎氣為主，長成組織，令肉體組織得以初具規模。其二，胎兒與母體之間有臍帶相連，雖然依據先天之氣來長成肉體組織，實則大部分的養分與能量可以透過母體來供給，所以不會輕易發生耗損，更不易衰竭。人體已經脫離母體，沒有胎盤可供應養分，這時候還要再用所謂回歸胎兒成型時期的血液含有高酮體的現象來做為酮體生成有益健康的論點依據，根本就事實或邏輯上，都完全說不通，不說中醫，連西醫解剖生理學可能都站不住腳。又有說法指出，人類在過去茹毛飲血的時代，經常挨餓，沒有農耕作物可吃，所以不吃主食只是回歸人類的原點。但人類農耕的史蹟，目前已經可上溯至距今一萬年前，並且在距今最少六千年前，人類埋鍋造飯，以蒸熟的米飯為主食，已成事實。我在《太極米漿粥》、《物性飲食》也多處提及：史實證明中國在最少兩千年前的先秦兩漢時代，已經可以量產精白米，也懂得以精白粳米為主食，甚至《桂本》能以精白粳米入藥治病。漢代由西漢初始，就有為八十歲以上老人所設之專法，予以安養與尊敬的保障，後來更將適法年齡降為七十歲，也均有史蹟可考；到了清代，並對百歲，甚至一百一十、一百二十歲的人瑞都有褒獎辦法。如果漢代人多半不長壽，如果中國歷代均不長壽，這種敬老法令的需求其社會背景很難成立。有說法認為十八世紀後，始有精製穀類的技術，人類才開始食用精製的米、麥，才開始發生血糖失控而造成病變，完全於史無據！甚至號稱古代人均壽命僅三十歲，更是讓人不知其立論基礎為何？堪稱莫名所以！一個人均壽命才三十歲的社會，憑什麼設置七十、八十歲老人的保障專法？比較中世紀歐洲與中國可知：中世紀歐洲的生活條件極差，文明內容不易積累，戰亂、饑荒、大規模致命疫病頻仍，此時期相較之下不但重要的哲學、工藝成就明顯不足，僅有的少數繪畫、雕塑作品，其水準之低，也是令人不忍卒睹，故普遍稱為「黑暗時代」。中國則不斷在歷朝歷代每每有文明重要進展，開花、壯大，文學、藝術、工藝，件件傲人，唐代的長安更是擁有上百萬居民的國際大都會，是當時全球文化、經濟重鎮。可見得人均壽命長，的確是文明發展並且得以傳承的必要條件之一。對比在中國長江地區的良渚文化（請參考《物性飲食》上，一一七頁），除已有天文、曆算、建築、農耕的文明史蹟，能利用春分、秋分，有節氣的概念，能造高牆、精緻玉器，實行大規模農耕，以水稻為主食，同時期的西方，古埃及、希臘、羅馬、兩河流域地區等，也早有高度文明思想、學術、建築與工藝品產生，可知該等地區的人均壽命必定並非只有三十年上下之譜。古埃及時期，埃及、歐陸都對小麥有大量需求，甚至世稱「埃及豔后」的克麗奧佩脫拉七世（Cleopatra VII Philopator）透過埃及盛產小麥的農業優勢，令國勢漸衰的埃及尚能周旋於勢力已經擡頭的歐洲政權之間，以貿易手段維持和平。從文明的發展來看，恰可見得全人類文明最黑暗的時期，正發生在農耕時代以來生活條件最差、最可能沒有足量穀類農產品可吃的歐洲中世紀。再者，精製小麥成麵粉，發酵麵團，烘焙成麵包，或是以發酵工法製作啤酒，在古埃及的社會都已是常識，甚至還可以用麵包來納稅。畢竟沒有脫殼精製過的小麥做不成麵包，若產量不夠多也不堪成為納稅的基準之一，這些都有許多距今五千年的史蹟可考，無須多言。多項史蹟證明，此類支持不吃主食的論述完全違背事實，也不合邏輯，是很嚴重的偏狹見解、認知錯誤與考證不足。可見得，人類以米飯、麵食為主食的飲食文化為基礎，開始建立高度文明，生活水準隨之起飛，這才是進步的發展，普遍性的事實。而且米飯、麵食等主食經過數千年一路吃下來，文明的高度不斷提升，遠勝所謂經常挨餓、沒有主食可吃的狩獵時代，讓人不明白刻意模仿沒有文明高度可言的史前人類生活，究竟有何意義？有什麼參考價值？

以我的看法：刻意刺激酮體產生，正好證明了我所謂腎氣上衝的發生，是破壞後天之本的胃氣，過度耗竭先天之本的腎氣的致病操作。酮體在開始生成的一個階段，有人將此時發生的「頭暈、疲倦、冒冷汗、噁心、頭痛」等外感常見症狀現象視為必然的「正常」反應，宣稱實踐者「要有耐心」，撐過幾天後，不適感便消失。這些現象，恰好正為《桂本》認定身體的胃氣、陽氣虛損的病證，有所謂「心胃生寒，胸膈不利，心痛痞滿，頭痛，善悲，時發眩仆，食減……」（〈六氣主客第三‧三‧五〉）等語，極為近似。由此可知：此類操作對人體的健康絕無幫助，對於療疾則是百害也難得一利。只要不吃飯，甚至，精準一點來說：不吃米飯、麵食等主食，一旦開始刺激酮體產生，就是傷身，就可能害命，可謂名符其實的旁門左道，慢性自殺。人類絕沒有藉由刻意製造一種病態來拯救另一種疾病的必要，而刻意發生病態的操作，不可能、不允許被叫做「保健」或是「養生」，更沒有資格稱為「醫療」。現代科學如此昌明，教育如此普及，中醫如此優異，農耕生產技術如此進步，還在餓肚子、不吃主食上頭做文章，我認為，真的是大開文明倒車，萬不可取，健康不必險中求之。

肉類食物是相對來說較容易受到內臟吸收，轉化出造血養分的材料。對於穩定肝系統、腎系統的功能，都有很重要的地位。我們在每日飲食的用量佔比上，也建議肉類應該是僅次於主食的第二高佔比食材（請參考《太極米漿粥》二二八頁）。

但是有一類的極端飲食操作則是在不吃主食的前提下，再加上極大量的油脂，較多的肉類，而蔬菜選擇性的予以少吃，水果則多半避免，再加上補充維他命藥錠。肉類、油脂對身體的好處，在缺乏足量主食的支援下，因為脾胃不得主食補益，化消能力便逐漸失常，與時遞減，仍不脫最終要依賴藥物介入的後果。而反過來的另一類，大量攝取蔬菜、水果，甚至進入到素食的完全不吃肉類狀態，除了生血困難，又因為食材偏寒涼居多，化消不易，以及水果下行的傾向較重，對於身體的胃氣與陽氣的需求極高，在家常飲食之外，又必要加上足量而正確的肢體活動，以加強胃氣與陽氣，令身體經常保持高度的溫通腠理狀態，才有機會與之平衡。相對於我們建議的飲食配伍比例內容來說，相當不容易執行。我也常舉例道：很多在名山古剎出家修行的師父，也是吃素，但卻多半是天一早還沒亮，就走很長的山路挑水、勞動，身體的活動量大，腠理容易受到足夠活動的調理。更別說有的出家師父還習武，操練一定的功法來調養生息。最重要的是：他們並仍然充分攝取主食，生活環境又極少受到現代的人工化合物質的污染，通常都能做到我所謂「食必天然」，這些都不是我們絕大多數活在都市裡的「飼料雞」、「格子雞」所能比得上的生活環境與條件。若不能嚴謹而正確的操作，則僅以養生、保健的觀點，我極不贊同漫無章法的素食。且看《桂本》必須使用雞蛋黃、羊肉、豬皮、牛或驢皮膠、牡蠣殼、獸骨，及各種昆蟲、節肢動物等動物來源藥材組方，就可知：天生萬物以養人，上天的好生之德，盡在於此，我們應當細細體會，千萬別輕言拒天道於千里之外。

木形人生酮飲食的影響

不吃主食又過食蔬果，木形體質的人若是原本已有肝木刑克脾土的傾向，食欲一般，因此造成的胃氣虛損容易進而導致腎氣上衝，轉化成少陽相火。這將助長原本的體質偏性，甚至可能格外覺得自己的狀況好轉了。但是寒氣與少血的問題，將造成血虛生風而頭痛，關節可能有運轉不利的問題，腹部則常有容易受寒的傾向。木形人在陽氣還有一定強度的時候，對於這類操作並不感到特別的不適，但是在年紀較長，陽氣開始明顯衰退，腎氣過度耗用的問題隨著原本肝木刑克脾土的傾向加重之下，更加速惡化。特別是女性朋友，如果生產之後沒有坐好月子，錯失了原本的大好補養機會，腎系統功能的問題可能在產後提早出現。從最輕微的體力下降，腰圍持續變粗，到骨質開始疏鬆，甚至內臟容易脫垂，對於維持老年的健康來說，格外不利。

○● 火形人生酮飲食的影響

不吃主食又過食蔬果，火形體質的人將更難生血，加上原本血少、血燥的傾向，沒有足夠的血液涵養到體表，因此可能整個人看起來變得更容易顯得暗沈，皮膚粗糙，吃到所謂的「發物」可能就會引起嚴重的皮膚、呼吸道過敏。上焦缺乏心血，胸腔前後、肩胛之間也可能時有疼痛，甚至手臂不能高舉。對於這些坊間傳說誤解為「熱性體質」的反應，又引人要「多吃蔬果」及苦寒瀉下的飲食來「除熱」、「退火」，初始的短暫好轉反應更讓人對此操作的可行度深信不疑，但反復操作，只有更加惡化。一旦依賴苦寒瀉下的飲食，或者此類偏性的方劑、藥物來處理狀況，寒氣夾併濕氣入侵，心火受到邪氣的分散而折損，痰飲容易因此大量發生，導致暈眩、昏厥，甚至影響到心肺功能，引起氣喘、血管栓塞等的疾病好發。常見在無預警之下，急性突發致命狀況的高風險健康問題，必須小心。

○● 土形人生酮飲食的影響

不吃主食又過食蔬果，對於土形體質的人來說，通常因為不易有飽足感而感到難受，一般來說接受程度應該比較不高。這類極端飲食的操作直接破壞本命體質，原本強盛的功能狀況變差，起伏落差較大，故極容易感到不適。但是因為隨著肌肉大量的萎縮、流失，而肌肉的比重又高於脂肪，所以減重效果特別顯著，反而有一種「致命的吸引力」：只要刻苦忍一忍，就能得到變瘦的成就感。只是對土形人而言，特別需要五穀來養脾胃，調和本命。過食蔬果或是油脂，減少脾胃津液來源，寒氣與濕氣開始入侵脾系統，胃口逐漸減少，食欲不振，常有腸鳴，一天要排好幾次大便，甚至一吃東西就腹瀉。體內大部分的肌肉處在低度虛燥熱，也就是一般常稱的發炎狀態，特別是大腿、小腿的肌力衰減，大腿肌肉力道不足容易引發髖關節的發炎、僵直、脫位與變形，行走不便，上下樓梯困難，對於心臟的負擔也跟著提高。

○●金形人生酮飲食的影響

不吃主食又過食蔬果，對於金形體質的人，變化反應頗為明顯，特別是在皮膚的狀態。雖然人的氣色容易看來偏於蒼白，並不好看，也因為脾胃功能受損傷而衰弱，容易餓痛飽脹，肌肉消退，狀況並不好。但對於愛美優先的人來說，索性少吃或不吃，能瘦就好。在陽氣尚稱強盛時，外在的模樣還算讓人滿意，容易收到一定程度減重、美白的效果。但是腎氣上衝直接與本命的金屬性能量在肺中相搏，再加上脾系統的損傷導致肌肉消退，使得腠理不易溫通，氣不能轉生為血，氣血無法往復循環共生的問題更加嚴重。最輕微的可能發為容易鼻炎、鼻過敏，稍有運動就喘不過氣來，一句話得切好幾段說。若胃氣、陽氣進一步的虛損，肺金刑克肝木的傾向加重。血少，再加上血壓持續攀高，突發性的高血壓導致腦血管、心血管等的栓塞問題，很容易來得又急又猛。

水形人生酮飲食的影響

不吃主食又過食蔬果，水形體質的人可能一開始不易感覺不適，但問題往往出現在開始恢復進食主食後。全身肌肉在持續缺乏五穀涵養的狀態下，一開始是呈現消退的傾向，但是若稍微恢復吃一點米飯主食後，快速上衝的腎氣突然被留滯在虛損的四肢骨骼肌中，無力化消，復胖反應較為明顯。若是因此誤以為自己真的發胖，可能反而急於加大此類極端飲食操作的力度。反復操作，肌肉可能漸漸鬆弛、消退得越來越嚴重。缺乏胃氣保守且腎氣上衝之後，整個背面太陽經所及之處的肌肉都因為缺乏腎水的涵養，可能好發緊抽痠痛。二便的力道受到腎水不足的影響，容易變得無力排出，形成我所謂的寒性便秘。甚至腰、膝關節的力道不足，常有不明原因、不規律的痠痛發生。

○●○●○斷醣飲食

不吃澱粉質、不吃糖質

這又是斷食、不吃主食流派的另一種變形，主要是因為：如果拒吃了主要能養人的五穀，正常的進食配比嚴重失衡，多吃菜或者多吃肉，都很容易出現問題，但最明顯、最讓人難以忍受的變化就是「吃不飽」、「胃很難受」。這類胃的問題讓人傾向多吃其他非穀類的代主食，像是馬鈴薯、甘薯、樹薯，或一些如豆類的雜糧來滿足，接著這些含有澱粉質、糖質的食材又被怪罪為累積體脂肪、妨礙體脂肪消耗的禍源。但是「澱粉質」、「糖質」畢竟都不是天然食物的名稱，這種以必須透過化學分析才能得知的詞彙為名的模糊概念，很難辨清他們的牽涉範圍，只能透過所謂「專業人士」的理論與實驗結果的指示，一一操作，這就更增添了其「專業」、「先進」、「高度技術性」的形象，似乎更加可信，據以推翻過去萬年以來人類文明的飲食主流，也顯得幾分「造反有理」，理直氣壯。於是終究把穀類主食與糖類食品，和其他的代主食、豆類等等一律拖下水，其他再加上一些甜度較高的水果，都受到波及。取而代之的則是食用大量的堅果、肉、蛋等，所謂高蛋白、高脂肪含量的食物，多用植物性油脂，再加上部分的蔬菜、少量的水果。因為此類極端飲食操作法中，脂肪的取用比例較一般的認知來得高出許多，所以，透過脂肪在胃中化消較為不易的特點，對於提高飽足感頗有助益。只要不容易餓肚子，接受度自然較高，也就算是這類極端飲食到目前為止的新興主流，實踐者眾，可以說是到達了一個新高點。至於其中之一的變化，把大量的脂肪夾帶於咖啡之中喝下，這個我們留待後述一併討論。

但綜觀來看，這樣的配比卻恰好與我們所主張的每日食材攝取配比多為倒反（請參考《太極米漿粥》二二四頁）。一些非穀類的代主食與豆類，像是黃豆，通常對腎系統有一定的補養，也是我們建議可以常用的食材之一。斷絕掉五穀主食甚至包含代主食與豆類，這等於是更全面的阻斷脾胃津液的來源，並且還因為同時阻斷了腎津液的可能來源，更加重腎氣上衝的反應。這樣的惡性循環，加速掏空腎系統，包含骨質等組織，以及加速肝系統，像是心臟、肝臟的養分耗竭。看似仍有進食，但是與斷食所造成的問題，實屬同一系統。不說其他的影響，脾胃津液大量虛損，對人體無論生血或化氣，負面影響都很大，這些功能單靠如何從其他食材，甚至是所謂的營養補給品，都無法滿足。而就算持續攝取大量的油脂，但在脾胃津液未獲補充而耗損日漸嚴重的狀態下，較難化消的油脂多半只得穿腸而過，能發揮的效果極其有限。腸道在缺乏津液、油脂的潤澤下，逐漸燥結，再加上胃氣雙向調節的功能衰退，以及脾系統的太陰下墜力（請參考《物性飲食》上，一四六、二一六頁）不彰，腎氣有傷造成二便不利，在多重影響下，排便的狀態與節律容易出現問題。對於養分不能充分被吸收所造成的各種內臟功能與內分泌的失調，以及二便不利等的常見負面作用，往往在這類的極端飲食操作之中，透過使用浣腸等外治手段，以及額外購買大量的營養補給品或指定成分的商品之類的辦法解決。但是這樣的消費行為究竟是否真的能解決問題，卻也沒有人能夠正面肯定，更說不出「必須長期依賴商品以維持基本生理功能」的行為，是否合於人體真正的健康需求。更何況長期浣腸，更是直接破壞內臟其收藏津血必須的「以新代陳」機轉，造成臟腑常態性的大失津血，邪氣能夠輕易長驅直入其虛。這是能招致嚴重感染並且致死的高度危險動作，等同自殺，千萬不可任意操作。

我們曾在《太極米漿粥》（請參考六八頁）提過：五行雖然相生相克，無始無終，看來應是一律平等，但在人體裡，脾土位居中央，涵養四臟，胃氣更是同為養生、療疾手段的重中之重，為後天之本。一旦脾胃功能隨津液的短缺而消退，其他四臟要相互維持調和已經非常不易，再加上胃氣不足後，各臟的氣機都無法連通至肺，注入百脈，全身的所有功能必然隨之衰退，更能突然引發重症，《桂本》所謂「脈病人不病」，甚至「以無王氣」、「短命則死」等語（〈平脈法第一．一．三六〉），描述的就是此等狀態的人體。不但生理功能上的大幅度偏性不容易從外觀得知，甚至一旦有所變故，猝死的可能性亦將大幅增加。這些細微的變化，只有從脈象才能判明。一般不夠全面的生理現象觀察況且不說，甚至就算透過醫院裡的眾多精密儀器，都無法正確得知。《桂本》給這種狀態的人一個稱呼，叫做「行尸」。如同字面，就是其人有如尚能夠走行的屍體一般，早已無生命力。

木形人斷醣飲食的影響

木形體質的人若是刻意不吃澱粉、糖質，脾胃津液耗竭的速度在木陰刑克土陰的效應下，可能較其他體質的人更加快速。肌肉消退的速度快，脾胃又因為在長時間津液耗竭下而功能受損，除了腎氣上衝，體內的濕氣也無法透過脾胃的功能代謝排出，脾胃反被濕邪入侵。脾胃中的濕氣在體內滯留日久，受木陰刑克而轉入肝木，此時若再加上因肝系統持續缺乏脾系統的津血涵養所導致的虛熱，就可能導致發炎，引起身體聚集脂肪或是濕氣在此，有進一步變成脂肪肝的風險。如果同時透過苦寒瀉下的飲食，像是咖啡，將濕氣強制排出，虛濕熱轉為虛燥熱，氣機受燥邪影響更加羸弱，甚至有引發一般所謂免疫能力下降，進而爆發嚴重細菌感染等的可能性，不可不慎。

火形人斷醣飲食的影響

火形體質的人在刻意不吃澱粉、糖質之後，因為脾胃之中缺乏津液引導心火下行，血液也無從化生，加上原本容易血少、血熱的體質傾向，因此可能很快就有諸如口乾舌燥、喝水不解渴、咽頭發炎腫痛、大便燥結、口中異味等的「上火」反應。一般碰到上火現象，不明醫理的人更傾向加用苦寒瀉下的辦法處理，則脾胃在失津後，又碰上運作功能受苦寒物性食材、藥劑的偏性影響，加速虛弱，腸胃所謂餓痛飽脹的問題就可能容易發生。脾胃在津血耗竭時，原本就容易引發腎氣上衝，而土陰刑克水陰所造成的腎氣上衝，除了造成腎陰不足，少陰君火與少陽相火同時不能受到津液涵養，也可能在津液不足的腎系統突然引發嚴重的發炎，或是功能指數突然飆高的問題，必須留意。

○● 土形人斷醣飲食的影響

土形體質的人在刻意不吃澱粉、糖質之後，土陽轉強而土陰不足，肌肉中的脂肪被大量化消，轉為土陰之用，並且透過腎氣上衝帶給全身機能的高漲，肌肉緊張，一開始瘦得很明顯，甚至在稍加鍛鍊下，肌肉線條會很好看。但是我常比喻這叫「超抽地下水」，體表肌肉的好看，可能是因為來自腎系統的遭殃所交換來的代價。

腎系統的損傷是短時間較不容易看出來的，如果平常沒有明顯的病證或是偏性，往往要透過以年為單位的觀察，才能得知。土形人在持續高強度的肌肉訓練以及高蛋白、高油脂的飲食作息下，短時間內沒什麼大問題，甚至讓人稱羨，但是在稍有年紀而陽氣漸弱的時候，腎系統的骨質老化速度快而明顯，一點外傷就容易引起嚴重的後果，發生感染的時候用藥物也很難控制。一旦胃口開始變差，水分難以透過腎系統代謝的水腫問題浮現，代表的不只是小便不利，而是整體的氣機衰微，心臟代謝功能不足，已是積重難返。

○● 金形人斷醣飲食的影響

金形體質的人若是透過刻意不吃澱粉、糖質變瘦之後，胃氣雙向調節身體功能的作用不足，首先二便不利的問題可能反而變多了，特別是大便的部分，可能出現燥結，甚至容易大便中帶血，除了代表腸道機能不足，這同時也代表身體的血分代謝功能衰退的傾向。若平時脾胃功能已經有異，透過腎氣上衝暫時將各項身體代謝功能提升，的確容易出現「各種病況與指數都有好轉」的現象。但是金形人原本血少的問題將可能更形加重，而血管末稍與肢體末端的代謝壓力將更加擴大，心臟也必須更加強搏出的力道才能與之平衡，最終可能危及心臟，令其過勞虛損。就算硬把肌肉鍛鍊上來，變得大塊又結實，但是脾胃較弱、肌肉天生較少的問題其實不能以此來緩解，甚至還因為超用腎水來長肌肉而加重引發心臟問題的風險。某位為人稱道的「減重達人」最後突發心臟衰竭而猝死，以及某位年少時原本非常瘦弱的動作男星其實一直有心臟方面痼疾等的新聞，可為殷鑑。

水形人斷醣飲食的影響

水形體質人只要不吃澱粉、糖質，脾胃稍有虛損，很容易引發腎氣上衝，體重就會下降，但只要一回復正常飲食，上衝的腎氣沒那麼容易受到控制，很快就胖回來。反覆多次下，容易造成越減越肥的所謂「溜溜球效應」，更值得注意的是：心肺功能，特別是在肺系統的部分，因為上衝的腎氣多往肺集中，呼吸的深度開始變淺，而肺中宗氣壓力不正常提高，造成心臟搏出的壓力連帶必須增加。這些壓力讓心肺功能過勞虛損，功能、結構都容易出現病變。腎氣上衝也容易併發像是咽喉有異物阻塞感、心臟動悸，若進一步造成身體的氣血難以回收至內臟，肢體末稍氣血停滯，加上肌肉消退，身體不但容易浮腫，可能要站直身體都不容易，而且骨質容易疏鬆、塌陷，甚至壓迫神經。女性在生理功能上容易發生嚴重痛經、經血不止，甚至停經，及內生殖器官好發腫瘤病變等。各種身體功能的問題造成生命品質下降，為人生多添加不必要的磨難。

少油、少鹽

油、鹽是很重要的輔助食材，對腸道的潤滑、引導養分深入內臟收藏，都有很好的效果，萬不可少。我們在《物性飲食》曾經做過論述，動物性油脂，特別是豬油，能夠潤滑腸道與體內組織，並幫助生成體內各種必需的酵素、體液（請參考《物性飲食》下，二四五頁）。至於自然鹽對於體內津液、血液的生成與代謝的幫助（請參考《物性飲食》下，二五六頁），也同樣做了強調。一般認為所謂飲食應當以少油、少鹽為佳，成立前提應是來自於「飲食中缺乏大量攝取主食」以及「攝取對象為非動物性油脂、非天然鹽」為主的飲食傾向而來。如果主食攝取足夠，胃氣雙向調節全身上下所有功能，不必特意控制吃進的油或鹽，也不容易引發各種內分泌或是肝系統功能的異常變化。就算刻意超量攝取，人體本能感到難受，自然即食不下嚥。但是因主食被冠上「引發血糖升高」的罪名，少油、少鹽的正當性便油然而生。這是一個連環套，惡性循環，讓人類越來越偏離正確飲食，深陷多重疾病好發險境、不得不重度依賴醫療介入、必須長期藥物控制等的錯誤論述。非天然油脂與非天然鹽吃了本就有損無益，自然是少吃為妙，但這不應與正確使用天然食材的油、鹽混為一談。少油、少鹽的做法，不分青紅皂白把天然油、鹽的攝取也阻斷，身體的氣血調節自然容易出問題。少油則腎系統在產生必須的津液時，將缺乏必要的養分；少鹽則令津液的偏性不足，導致不容易進入腎系統補益。少油、少鹽，直接傷害腎系統。若再加上缺乏大量攝取主食，則腎氣就更容易因為虛損而上衝。攝取非動物性油脂則導致身體陰氣過重、陽氣偏弱，腎氣受到陽氣不足的刺激而必須轉生少陽相火升提身體機能。有的人認為食用某種偏性很強的植物油可以「補少陽相火」，恐怕就是對腎氣上衝的誤解而來。這種偏性很強的植物油炒作風潮已過，雖然目前還能在臺灣的大賣場貨架上看到大批陳列，但在國外早就嚴重滯銷，整批掃入倉庫等待報廢了。非天然鹽與天然鹽在體內產生的效應並不相當，非天然鹽的偏性太重，不若天然鹽的物性親水，所以往往難以令體內的津液調整至接近血液的濃度，造成津液進出體細胞較有困難，加重腎系統在津液的循環與收藏上的負擔，接著便容易產生所謂血壓高、血脂高、血糖高的三高現象反應。因此，一般認為多用油、鹽是造成三高的原因，我認為，三高反倒是長期缺乏正確且足量的使用動物性油脂與天然鹽的結果，恰恰與一般認知的結論相反。這一點，從我見聞過的許多臨床例子中亦得到證明：在攝取充分米飯主食的前提下，動物性油脂與天然鹽的攝取並不需要特別禁忌，對所謂三高問題的調理，也毫不受影響。

○● 木形人少吃油、鹽的影響

少吃油、鹽，對於木形體質的人在初起時感覺並沒什麼，甚至可能因為脾土原本較容易受到肝木刑克，特別是減少了對於化消力道需求較大的油脂，反而還感到頗為輕鬆愉快，很容易操作起來覺得有感。但是津液在持續缺乏油、鹽調節津液代謝的輔助下，過快的代謝節律對於肝系統的代謝力道壓力便持續增加，形成負擔。津液的不足首先引起氣機不足，諸如眼球容易出血，口中常有苦味等問題，都將顯得好發。津液若缺乏得更嚴重，血管缺乏彈性的問題，便漸漸越發容易出現，血壓突然升高並引發暈眩的可能性，也將隨之增加。

○● 火形人少吃油、鹽的影響

少吃油、鹽，對於火形體質的人來說，更容易缺乏津液、血液的潤澤，脾胃不易令心火沉降，各種斑疹瘙癢，皮膚的發炎潰瘍、痤瘡，都可能好發。又因為油脂對於涵養人體功能來說，格外具有效果，若是刻意避免攝取油脂，對於火形人原本較為血少、血熱的體質來說，也格外顯得不利，情緒不穩定、胸口躁煩、悶痛等的問題便容易發生。如果造成上焦津液缺乏的燥氣轉強，容易變得偏好冷飲、多用蔬菜水果，則更讓狀況持續陷入加劇津液、血液不足等狀況的惡性循環中了。若結合濕氣，還可能容易生痰、化膿。

○● 土形人少吃油、鹽的影響

土形體質的人通常較為受不了「清淡」的飲食，少用油、鹽的烹調法也很明顯的難以提升料理的風味，食材的自然甘味不明顯，難以化消，簡單的說，就是「不好吃」。因此，這招極端飲食的操作對於土形人來說，效果往往不明顯，只是徒增腸胃化消的負擔而已。長期缺乏足量攝取油、鹽，津液在脾胃中不容易運化、輸布至全身，很容易造成排便困難，甚至腹部發脹、疼痛。受到胃氣雙向調節的功能衰弱所影響，三焦、膽等少陽系統的功能也連帶下降，精神狀態上容易覺得欲振乏力，睡眠不足，疲勞狀態不容易恢復，四肢肌肉容易顯得沉重，還容易在腰圍以下的下半身引發水腫的傾向，成為一般所謂「喝水都發胖」的狀態。

○● 金形人少吃油、鹽的影響

金形體質的人在開始少吃油、鹽之後，基本上延伸了原本少血多氣的體質傾向，一開始還不易察覺極端飲食操作帶來的影響。但是漸漸的血少而枯燥的傾向持續加重，氣不能生血，津血也難以入裡收藏至下焦、內臟，體力衰退的傾向將越發明顯。上焦的氣管與下焦的大腸持續未能受到潤澤，易喘、有痰，甚至痰中帶血。或是排便雖然溏、散，卻也不能規律。若是因為生活所需又勉強勞動、經常晚睡，缺乏靜養，則內臟的虛損更形加重，甚至連帶使得生殖功能容易受損，不易生育，或是懷上之後也容易出狀況。若是在胃氣、陽氣衰退之下，氣血兩虛，腎系統、生殖功能的組織器官就容易有出現水泡、腫大等傾向的問題，像是腎囊腫或稱水泡、多囊性卵巢症候群、攝護腺肥大等。

○● 水形人少吃油、鹽的影響

少吃油、鹽，對於水形體質的人影響最大。油與鹽是水形人補養本命體質很重要的輔助，所以在少用，甚至不用油、鹽之後，水形人的腎氣上衝傾向也特別容易被引發。一開始少用油、鹽之後，可能因為腎氣上衝的現象明顯，所以水形人特別容易覺得身同再造，突然間一切變得好得不得了。但是在津液、血液難以被引導入腎補養的狀態下，持續操作，體力可能大幅下降，必須要借助更多能夠提神的東西來幫忙維持活力。腎氣上衝轉為少陽相火後，三焦的津液更加減少，不只上焦容易出現咽乾、喉痛、發炎，下焦的下腹到膀胱一帶，甚至上方的頭頂、眼球後方，到下方的會陰處，都容易出現拘急、絞痛等狀況，牽連甚廣。

低溫烹調飲食

大部分的食材都要在一定的高溫調理之下，才有香氣，這是最基本的烹調理由：不只求「能吃」，更要「好吃」。基本上，料理若不帶有一定的香氣、甘美，氣與味不鮮明，直觀上就可視為在脾胃間也難被順利運化、吸收。不說全人類的歷史，光中華文化在飲食上運用各種高溫調理法即有上千年的時間，若要說高溫烹調會產生什麼質變，甚或是致癌物質，完全在事實根據上站不住腳。煎、炸、炒、烤，換個角度來說，僅是「快速去除食材水分」的一種手段而已。而快速去除食材水分的必要，就在於「避免食材的氣因為水分的慢速流失而一併喪失」；反過來說，藉由較長時間的燉煮，將諸多食材、藥材的氣在湯水中調和，也是我們熬煮湯方時的常用手段。換句話說，清水燙煮，甚至生食，都不宜常用、多用。我在《物性飲食》曾提過：透過適當的去水作用，食材日烹調，藥材日炮製，可進行食材物性的最終微調。我們大約可以視為：食材物性、入口溫度、烹調手段、胃氣、陽氣，其綜效必要達到一定門檻以上，所攝入的飲食才容易被人體化消與吸收（請參考《物性飲食》上，九八頁），這也是之所以我們對「太極米漿粥」的講究，除了米、水的選材，對熬煮過程也進行重點論述的一個理由，更是太極米漿粥與一般「湯湯水水」的稀飯截然不同的核心關鍵之一。食材若未在體外經過充分的加熱、調理，對體內來說，就必須增加更多的化消損耗，才能將食材代謝開來。長期食用未經充分高溫烹調的食材，對脾胃必將造成負擔，所以我在《物性飲食》中建議，絕大多數的食材都必要充分加熱，尤其是蔬菜類，更以高溫、多油、多鹽的快炒為宜。相對來說，僅有極少數食材亦可生食，或者強調不宜過度加熱。就如我們前述提及的「梅納反應」，高溫烹調無論被如何批評，但經高溫烹調後的食材的確色澤誘人、香氣飽足、滋味有韻，對身體化消與吸收的幫助，的確效益更大，所謂料理中的「色、香、味」，才可能豐富而美好。部分主張低溫烹調的飲食操作，包含刻意大量生食蔬菜、水果，在人體內因為需要極強的脾胃消化功能運作，對胃氣與陽氣的需求非常高，但反觀現代人的胃氣與陽氣普遍明顯不足，低溫烹調的飲食幾乎只得穿腸而過。腸胃在經過長時間的化消之後，食材的氣與津液卻都無法如數吸收入體內，徒勞無功，無法對內臟進行良好的補養。對每天規律且充分進行四肢腠理溫通活動的人體來說，勉可支撐，但對並未有足夠溫通腠理手段相佐的人體，或是功能與結構已不夠強盛的亞健康狀態，更不說對已經有病證出現，甚至可能是重症或久年持病的病家，低溫烹調的極端飲食操作令健康不增反減、病況因而加重的可能性極高。因此，在某個程度上，我認為這類主張的結果也等同於威力稍弱變化版的挨餓。而在負面影響上，甚至還因為加速耗損了胃氣與陽氣，更有直接加重對消化系統破壞的可能。

日前才傳出一則報導：一位長期以低溫飲食、素食為主打產品銷售的網路紅人，卻在意外中被發現，魚肉竟然悄悄的出現在他的餐盤中。在粉絲們憤怒逼問下，這位網紅才和盤託出：他在六年的素食、低溫飲食實踐下，不但發生荷爾蒙失調，引起腸道功能異常，甚至才二十七歲就已經停經，兩年不來，同時也出現更年期前的症狀。停經之中雖仍嘗試透過素食、低溫飲食來調理，但是當然不成功，因此他接受醫生的建議，開始攝取更多的脂肪，吃熟食與肉類。雖然此舉總算挽救了他的生理功能，但月經仍然不能順調。這類極端飲食操作的實踐者，通常除了健康的訴求，往往還帶有意識型態上的主張：認為肉食對人體有害、帶有各種可驗證與不可驗證的毒素，甚至宣稱吃素還能「救地球」！結果，地球還沒救到，倒是險些先把自己的命給賠上了；之前主張對人體有害的肉類，現下卻成了他搶救健康的法寶。只是如此這般，極端飲食操作的功效宣稱與實際結果呈現之間的巨幅落差，倒也並非首例，甚至可說極為普遍。先不論主張者其人是否真心、澈底的實踐，操作與宣傳的過程中是否涉有任何虛偽、造假之嫌，但，沒有人因此獲得穩定而飽滿的健康，這是事實。畢竟《內經》所謂「五穀為養，五畜為益」的開示，兩千年來的確屹立不搖，至於如何烹調的手段才稱為適當，低溫究竟行不行得通，在這則實例中，我們也算是得到一些印證了。我常說「養生是高端的醫療」，當代不少養生手段背後本來就帶有療疾的企圖，更以成為替代療法、治療難病或重症為成就指標，但是基本來說，可謂全軍覆沒，連個皮膚瘙癢、鼻子過敏都處理不好。這類流行性質極重的養生法從來就沒能成功應用在正規醫療中，甚至可與正規醫療聯手並進，怎麼就上不了「醫療」這個階，更別說能夠真正發揮預防疾病的效果。但在我紫林中醫提出「養胃氣，護陽氣」的主張，「溫通腠理」的大一統醫理等高度概括下，養生、療疾兼容，章法嚴明，進退有據，高度自洽，道法圓通，不止科學，能符合人性，更臻至藝術，這才是合於天地自然之道的「古經方中醫」精神。

木形人低溫烹調飲食的影響

低溫烹調飲食對於木形體質的人來說，通常比較可以接受。因為對於木形人來說，普遍比較挑食，或者有人只重視「能夠一次吃到很多樣、每樣都可以吃一點」而已，總體來說吃得不多，感受也就不是那麼強烈。低溫烹調飲食對腸胃的負擔大，因為肝是「陰中之陽」，以體質側重在肝系統功能的木形人來說，身體的陽氣初起還可以在過重的陰氣中勉強負擔，享受一下用腹瀉代替正常排便的快感。但在苦寒瀉下的刺激中，少陽相火逐漸傾向過度升散，膽管容易閉鎖，膽汁不易排出而造成膽囊發炎，甚至闌尾發炎等，腸道的各種相關問題也就容易出現。

火形人低溫烹調飲食的影響

低溫烹調飲食對於火形體質的人也可能較為無感，甚至在火形人普遍傾向血少、血熱的偏性下，或許一時還覺得清爽、解燥。火形人主要體質表現在心系統，心是所謂的「陽中之陽」，在體內的陰陽平衡上，陽氣通常佔比較高，因此對苦寒瀉下飲食的負面影響，一開始的感受通常也較不深刻。但是以這類方式來退去虛燥熱的效果，隨著操作次數越多、歷時越久，血分越是不足，陽不能入陰，反而虛燥熱變得越發明顯，上虛火的強度節節攀升，各種瘡痘、潰瘍容易好發，甚至食欲不振，少量進食就想嘔吐。但這些反應卻讓人越想吃下更多苦寒瀉下的飲食，睡眠因此變得不穩定，精神方面也可能顯得浮躁。

○● 土形人低溫烹調飲食的影響

低溫飲食對土形體質的人而言，腸胃功能上的壓力自然較大。土形人如果勉強實踐，或許透過變化一些口味、花樣，一時還可接受、下嚥，但對脾胃需求的津液與血液來說，唯一勉強維持的，就是攝取米飯主食。如果主食或者代主食的攝取量還夠，土形人的身體狀況尚不致於快速失和，但若一旦主食的攝取偏低、不足，脾胃津、血虛損，要維持身體基本活動能力以及全身內臟的基本功能，就不容易了。脾胃運化停滯，腹部容易脹痛，排便也變得不規律。特別是女性朋友，脾胃的津血不足，直接就影響婦科問題，停經、不孕不育的問題很容易發生。

○● 金形人低溫烹調飲食的影響

低溫飲食若是由金形體質的人來嘗試，因為體質上有血少的傾向，脾胃的消化功能本來也較弱，因此對這類特別不易化消的飲食，可能容易引發胃痛等消化道的不適感。這類在東方概念中的「生冷」飲食，大抵上本來就是脾胃較弱的人的禁忌，與什麼微生物、細菌的感染是完全不同的概念。因此要在金形人之間推廣這樣的極端飲食操作，恐怕不容易成功。但近年來過度控制體重的風氣極盛，時潮鼓吹厭食，金形人或許可能反過來利用這點，順水推舟的就少吃甚至不吃正餐，最好瘦上加瘦。但問題在於：低溫飲食更易引起腎氣上衝，上衝的腎氣讓肺中的宗氣停滯，胸悶、胸痛，甚至血壓容易升高的傾向加重。而過度的健身、運動又加重此一現象的可能，甚至殃及心臟的結構，造成瓣膜等較脆弱的組織開始發生病變。平時的變化或許僅在於覺得有點喘不過氣，或是容易用力的多咳兩聲，若非極有經驗、深諳醫理的醫生，可能不易察覺這或許是心臟有異樣的警訊。

○● 水形人低溫烹調飲食的影響

低溫飲食在水形體質的人身上，多呈現先樂後苦的效果。初期覺得精神提振，少陽相火的過度升發使得各項身體功能樣樣都好。但是胃氣、陽氣逐漸虛損之後，腎氣上衝就顯得越來越不容易控制，強度也越來越提高，先是腸胃功能不足，容易腹瀉、便溏，敏感而易受寒、受風等刺激。接著脾土開始刑克腎水，腎水津液大量留滯在肌肉腠理之間變為濕氣，於是再來就變成提不起勁、身體沉重，容易腰痛，或膝關節發炎、屈伸不利，甚至情緒容易忽起忽落，或者神經亢奮，造成晚上不容易入眠。心臟持續受少陽相火刺激，又缺乏足量的津液潤澤，產生虛燥熱，甚至可能破壞心臟結構，造成心肌發炎等狀況。

喝咖啡

咖啡豆是屬於茜草科植物的果實種子，性寒、味苦，能瀉脾胃血，其實對脾、腎系統較弱的人來說，應該一喝就知道渾身不對勁，是一種偏性極強的食材，我也在《物性飲食》介紹過其機轉。許多朋友上網來交流反應：喝起太極米漿粥，把飲食習慣調整好，胃氣上來之後，一喝咖啡就難受，過去常常一天必要一杯甚至更多的咖啡用量，變得不想，也不能再喝了。同為茜草科的藥用植物來說，梔子亦是以果實入藥，同樣具有相似的破瀉力道，只是物性的偏性更強，影響更大。梔子在《本經》定為：味苦、性寒。做為藥用，如果使用不慎，對脾胃虛寒者，臨床上常有引發致人嘔吐的問題。梔子在《本經》中，認為可去除體內數種在脾胃與肝系統的濕熱問題，但又因梔子的物性容易傷及胃氣，所以使用條件限制也很嚴格，不宜常用、多用。《桂本》提及，人虛而胃冷，能引發嘔吐，可見得引人嘔吐的梔子其物性之猛烈。《桂本》使用梔子配伍的湯方，亦提及「凡用梔子湯，若病人大便舊微溏者，不可與之。」（〈辨太陽病脈證並治中・七・五四〉）等語。病家若是大便曾有不成形的狀況，就算合證，卻也不可投用。大便不成形的問題，大抵上歸因於病家的脾中濕氣太重，同時胃氣不足造成。可見得，光是濕氣重，若沒有足夠的邪熱，條件不齊備，就無法成立，不可輕用。更何況還涉及病家胃氣不足的問題，也可見得，含有梔子的方劑對胃氣的負面影響很大，並非人人可承受得起。當然，梔子偏性極重，咖啡想必尚不及於此，否則咖啡讓這麼多人每天都喝上一杯，不要數日，早就鬧出人命不知多少起。但也因為咖啡與梔子的物性相仿，僅僅偏性強弱有異，但是兩者的性、味相去不多，又是同科，知梔子以鑑咖啡，依照分形原理，類比同樣成立，可謂雖不中亦不遠矣。正因為咖啡在短時間內不易立即產生人體功能或結構的重大損傷，少見立即致命，所以也極容易讓人忽略喝咖啡對人體造成的負面影響。長時間不斷的使用如此苦寒瀉下物性的飲品，其所積累下來的偏性影響，仍不可忽視。特別是，若將其湊搭上「養生」命題，甚至有人號稱喝咖啡可「抗癌」、「防癌」、「長壽」。如此推波助瀾，吹噓療效，穿鑿附會，則常用、多用者更是信心滿滿的放膽喝，甚至還可能因此刻意忽略喝咖啡後引發的各種不適，勉強續用，不知節制。待積重難返，問題恐怕更一發不可收拾。

咖啡在飲品的範疇中原本已有不少變化配方，近來有人主張，號稱咖啡在加入大量油脂後，就可以產生某些奇特的功效，讓人當起「生物駭客」，隨意操弄生理機轉，又是記憶力、思考力大增，又是體重暴減，活靈活現，不一而足。說到底，不過腎氣上衝的反應而已。其實就咖啡的物性根本來分析，這些配方都無法抵消咖啡對於脾胃津液、血液的破瀉力道，苦寒物性仍在。這種腎氣上衝所附帶的身體不適感，雖然有一部分的確被油脂和緩下來，使得負面影響的後勁稍有減弱，但是在總和上的效應，還是無法消弭先破壞脾，再傷及腎系統的影響，破瀉力道也並非可就此獲得輕減。巨觀看來，各種配方不過就是掩耳盜鈴，破瀉力道在五十步與百步之遙而已。因此，無論咖啡裡加的是糖、牛奶、奶精、打發或沒打發的鮮奶油、巧克力或是可可、椰子油、含不含水或者用什麼飼料餵養出來的奶油、經過提煉強調具有什麼化學結構的油脂，抑或其他配料，就配伍的綜效而言，一概無法起到什麼足以翻轉的影響力，配料歸配料，咖啡歸咖啡，混合喝下，脾胃津血依然一瀉千里不復返，對胃氣仍舊是損傷，不僅不能「防彈」，甚至足以讓胃氣與陽氣千瘡百孔，腎氣損傷慘重。對我來說，你可以宣稱咖啡帶有「文化」、「氛圍」、「品味」、

「醒睡」等意涵，都好商量，但「咖啡」與「養生」、「保健」等概念，絕對搭不上邊。每天喝上一杯都可能造成問題，何況還要喝上三杯？既然整體來說，喝咖啡對於身體的負面影響並不隨著配料的變化而有不同，所以我們在此也就不特別針對某些配方的咖啡來討論其效應，只分別陳述對於不同體質的人體來說，飲用咖啡的負面效應所造成的後果是如何有別。

附帶一提：曾有媒體剪接對我的訪談，結果技術性的問題，導致我的意思呈現得不完整，反而顯得引喻失義。對於「油脂」這項食材而言，我的確是鼓勵在日常中善用、多用。好的油脂對於人體的幫助很大，在《桂本》以豬油為藥材入方，可見一斑，我同樣在《物性飲食》做過評論。但油脂雖好，畢竟不是，也不能當主食。過分大量的攝取，對脾胃的化消力道負擔實在過大；過食所造成脾胃的虛損，也進一步影響肝、腎系統的功能。咖啡裡面就算加入了如何精選的油脂，油脂的好不能抵消咖啡的破瀉，至多只能說各走各的路而已。就像太極米漿粥再怎麼好，如果你把他混入地溝油中，則太極米漿粥一樣不能讓地溝油變成可吃、值得吃，或者對身體有益。話說回來：既然大家都認同油脂如此美好，於家常料理之中多用也就是了，何必刻意放到咖啡裡面？為了抑制飢餓感？不如吃上一大碗白米飯，一碗不夠，就吃兩碗，簡單方便，花費低廉，止餓又能養生，得了。

木形人喝咖啡的影響

木形體質的人對透過喝咖啡引發腎氣上衝來刺激生理功能加速，可能非常有感，甚至食欲大幅減退或是失眠也不以為意，尤其是對於想要減重或是熬夜的人，覺得都是身體的「好轉反應」，合了他的心意，但肝系統其實已在勞損之中了。特別是肝系統中的心臟，在脾胃的津血被咖啡大量破瀉後，腎氣上衝很容易直接轉入肝系統，心臟感受到的刺激特別強，代謝加速。但如果脾胃本來就受肝木刑克而有虛損，心動悸、逆酸噁心等的反應也跟著更加強烈，甚至還誤以為是吃甜食造成。我曾說，胃是心臟的門關。胃氣不存，唇亡齒寒，心臟的功能與結構在此狀態下，很難保全。

○● 火形人喝咖啡的影響

火形體質的人喝了咖啡，反應可謂兩極。若是脾胃的津血原本還算正常，尚得順降，一但受到咖啡破瀉後，可能反倒因為瞬間脾胃失去津血而感到腹痛難耐。若是常喝、多喝，對需要大量津血維持功能的腸道來說，明顯感到運化發生問題，像腹脹氣、痔瘡、排便不規律，大便可能出現「喝咖啡時才能排，不喝就不能排」的異狀。但如果脾胃的津血較少，或者已經陰氣不足，腎水無法得到津血收藏，以及胃氣不易順降之人，則苦寒的物性反而令其人一時之間對原本血少、血熱的傾向感到抑止不少。咖啡本在破瀉脾胃津血，用於脾胃津血已少的人身上，無異飲鴆止渴，令偏性更加傾斜。甚至因為血少，不能承載心火下行，而讓人容易感到胸悶、煩躁。女性可能經痛加劇，經期的各種不適格外嚴重。在有對比的狀況下，可能覺得加了油脂的配方喝起來較舒服，這是因為油脂的確可以起到我所謂「大質量分散能量」的效應，但這對火形人入陰力道原本較弱的偏性來說，油脂屬陽，向上升發的傾向還是偏多，物性原本偏向不易沉降，若無大量的五穀來涵養，引導下行，對腸道、生殖功能的改善效果並不理想。咖啡配合大量油脂或富含油脂的牛奶等同用，可說是溫水煮青蛙式的雪上加霜，長期用下來，後果不堪設想。

○● 土形人喝咖啡的影響

土形體質的人喝咖啡應頗為有感，只是過於苦澀的口感比較不是他們的菜，但若加了油脂或大量牛奶後，口感滑順，就變得容易接受。在失去戒心的暢飲下，提高了動搖身體健康老本的風險。咖啡破瀉脾胃津血後，土陰刑克水陰，腎氣上衝強力推動脾系統，土形人馬上感到很有飽足感，化消大量油脂或牛奶似乎也不是問題，而且對於思考力、肌力這些脾系統所主宰的身體功能，明顯產生提升。但是若缺乏五穀來養，脾胃臟腑的津血不足，大量的肌肉結構將開始消退。肌肉的強度在大幅流失後，心臟的代謝負擔隨之加重，上衝的腎氣必須跟著加強推動心臟搏動，加速衰老、猝死的風險一併大增。某位現在還在線上的一方教主，幾年下來，從剛開始實踐後，出現在鏡頭前的光鮮亮麗，到這兩年已經明顯出現衰老的現象。大家不妨多留意他連續幾年實踐下來所發生在身體功能與結構上的後續變化。

○● 金形人喝咖啡的影響

金形體質的人原本生血功能較容易不足，少量的喝咖啡時，可能只感覺容易刺激排便，但若常喝，脾胃津血被嚴重破瀉，則因為又能間接造成肝木不得刑克脾土，導致缺乏津血涵養，可能容易出現心悸、頭痛、血壓快速升高而頭部發脹、發暈之類的不適感。肝系統的津血充足，肺金得刑克肝木，有充足的津血涵養，才能避免燥氣導致神經、微血管的拘急，同時，將氣機引導下行的功能才能順利開展。咖啡破瀉脾胃津血後生虛燥熱，燥氣引濕氣反覆入侵脾系統，阻擋津液受到涵養，進一步讓全身的津血逐漸減少。這也是為什麼有人主張咖啡中要加入大量油脂，有人則說要同時喝大量牛奶與開水的原因，其實就是起因於脾系統的虛燥熱。但因為不明醫理、藥理、生理、病理機轉，胡試亂搞，不過提油救火而已。對燥氣、熱氣容易傷肺的中醫病理認知來說，脾胃津血不足，導致無力升提津液到肺中，化為宗氣，在全身的經脈中暢行，進而啟動所謂「打到頂，收到底」的生理機轉，反轉升提至頂的陽氣得化生陰氣，將氣與血沉降至內臟中收藏，以符合肺系統「陽中之陰」的本質。金形人因為已經較缺乏可防止腎氣上衝的肌肉，若再長期破瀉脾胃津血，陰氣常有不足，腎氣上衝引發的腎系統津血流失，更容易導致腎系統的骨質等器官、組織提前老化。

水形人喝咖啡的影響

水形體質的人喝咖啡的反應有可能較為猛烈，因為腎系統在沉降方面的功能若受到脾胃津血被破瀉影響，一旦開始反轉為上衝，精神亢奮、失眠、心搏加速等反應格外明顯。但水形人倚靠腎系統的作用，在壓抑反應、衝動的「忍耐」力道強，很快就習慣，久了甚至無感，一天兩、三杯都不是問題，明顯容易成癮。這是因為咖啡的偏性已經開始促成身體依賴由腎系統的津液涵養脾系統，腎系統轉化出特定的偏性對應，養成習慣。這也是水形人之所以容易發生酒精、藥物成癮的原因。在腎氣尚可的時候，胃氣就算變弱，也可以藉由透支腎氣轉出少陽相火的作用代償。這種習慣的轉變在初起時常常不見什麼明顯不適，但腎氣在脾胃津血持續不斷破瀉的狀態下，加倍流失，不說到老年之後的健康不容易維持，只還在年輕時，若陽氣稍微受到其他飲食、作息，或天候變化的影響，骨質、牙齒或是口腔，就可能逐漸出現毛病，像骨質疏鬆、老化，牙齒脫鈣、容易蛀牙，齒根容易敏感、酸軟。而我又所謂胃是心臟的門關，胃氣虛損的問題再進一步漫延到心臟的可能性極高。心臟的功能與結構缺乏胃氣支持，又受到腎氣不斷上衝的刺激，待不堪負荷而出現病變，實在茲事體大。

控制飲水

控制喝水有幾種不同的做法，有一派認為要大量的喝，有一派刻意把水與固體食物分開來。這兩種極端都是在操作「水性本寒」的偏性（請參考《物性飲食》下，二五〇頁），同樣都不堪做為養生之道。

前者「大量喝水」的操作，即是把水做為苦寒瀉下效果的飲食手段，藉由水的物性味甘而性寒，在胃中留滯時間長，引起胃氣加重下行，折損陽氣。並且清水有藏納的特性，於胃中留滯，能令各種正氣、邪氣都被吸附進水中。這些效應加乘起來，一時之間也可能讓人有「覺得清爽」、「代謝變好」、「一些小毛病似乎改善了」、「腸道似乎比較通暢」等感受，甚至強調要在晨起時空腹喝下一大杯清水，趁胃氣最弱的時候，令刺激效應放大。但清水並非不必胃氣化消，對腎來說，同樣必須將清水與體內各種物質重新混合成適切濃度的津液後，才能進行循環與代謝。

換句話說，如果人體並非處於極度燥熱、物質養分濃度過高等等狀態，通常無需大量飲水。清水與一般飲食的化消、代謝的負擔，並沒有什麼不同，反而因為清水寒性較重，較一般飲食而言，其化消、代謝的負擔可能更偏重。將清水轉化為津液所需的養分，若不由食物之中獲得的津液而來，就只能取用體內既有的津液，等於也是超抽腎中的水精，就是對腎有損傷。沒事不必多喝水，多喝水容易出事。腎中的水精持續減少，缺乏大質量分散能量，腎氣漸漸變得容易被觸發而外泄、上衝。脾胃的津液若未能因為飲食而增加，腎氣就有上衝的傾向。大量清水在體內的代謝負擔，又進一步加重腎系統的氣血耗損。大量喝水，腎系統等同持續在低度腎氣上衝的狀態，身體的確可能暫時感到一些狀況好轉，但長期下來腎系統仍將因此導致虛勞。腎系統的虛勞，在年歲漸長，胃氣與陽氣漸衰後，將一一浮現，原本被腎氣上衝所壓抑住的各種偏性問題，將發生更嚴重的反彈。無論喝的是冷水、熱水、溫水、檸檬水、鹽水，或是其他各種加工的水，只要未經適切的熬煮、配伍，炮製成一定濃度的茶湯，則均歸類為清水，在過量飲用下，其害大同小異。

後者「以水為主的液體不與固體食物同時吃下」的做法，雖然在短期內可以避開清水難被脾胃化消的物性，對脾胃消化功能較弱的人來說，停止喝清水的確可以感受到脾胃功能改善。但此法的操作太過，將清水、茶湯、含有水分的食物，都視為一體，這就是大錯了！此法忽略了：清水同時也有藏納、承載食物的氣的作用，正如同方劑中多以清水作湯，將各種藥材的物性合而為一，一齊送入胃中，交由胃氣運化，上致於肺，與百脈交會，通行全身。清水與藥材經過適切的熬煮，等同於清水受到炮製。藉由清水承載各藥材的物性後，便與原本清水的物性截然不同，故湯方也不能再單以清水的寒性看待。熬煮過適量溫熱物性藥材的湯液，最終就是呈現溫熱的物性，這是水的特性。否則，若病家患有寒證，需要溫熱湯方救治，又該怎麼著手？如果混淆清水與所有液體茶湯、食材的物性，不加細辨，囫圇吞棗的拒用茶湯飲品，則讓身體更難透過適切的飲食來補益功能與結構上的問題。特別是對氣的補益，必生重大障礙。就像我曾舉過《葬書》所謂「氣乘風則散，界水則止」一般，水是乘載氣很重要的媒介。將食材、藥材物性的氣送入人體的辦法，便是透過方劑、飲食，與清水同煮炮製、烹調後的茶湯。更何況，含有水分的固體食物，這與飲用清水又是兩個完全不同的概念。就像我們的「太極米漿粥」，你說他是飯還是水？他都不是。就如精巧設計配伍、計算比例後，並經正確而充分熬煮的湯方般，太極米漿粥可謂「液態的精白粳米」，與一般未經講究配伍、比例、炮製的湯湯水、稀飯，斷然不同，絕不可混為一談。又如蜂蜜，他的樣態呈現膠狀的流動性，但蜂蜜裡含有的水分其實極少，故我在《物性飲食》中認為其味平、性甘，有很好的潤燥效果，在《桂本》所載的古經方中也大量採用。蜂蜜亦可視為「化消後的液態花粉」。許多食材含有大量水分，就像我在《物性飲食》指出過：結球甘藍、白菜，這些食材本性偏寒，一般的調理後仍含有大量水分，我們自然建議不宜常用、多用。又好比同樣於書中介紹到的洋蔥、薑，其新鮮個體的水分含量雖然高達九成以上，與白菜相仿，但物性仍屬溫熱，可適量用於飲食調理配搭，並沒有寒性的問題。可見得，固體食物其水分含量多寡與寒熱的關係間，雖有大致的傾向，但並非絕對的鐵則。刻意避免含有水分的固體食物，甚至在烹調中刻意去水、把食物弄得乾硬，又或拒絕飲用茶湯，對補益身體的津液與氣機多有大害而難有微利。過於乾硬的食物入胃，照樣要耗去大量的胃中津液來化消，形成脾胃的虛勞。長久下來，仍是引發脾土刑克腎水，腎氣上衝。各種短期內的好轉或減重效果，多是先來自於體內脫水，更僅止曇花一現，因為健康未至，腎水已傷。許多勉強實踐控制水分攝取的朋友，本想養生，求得健康，但事與願違，反見身體狀況江河日下，生活飲食等更是變得麻煩、瑣碎，複雜的操作弄得什麼正事都辦不了。直到喝下太極米漿粥後，通體舒暢，多年不解的大小毛病逐解鬆綁，方才澈底醒悟，對這類控制水分的作法再也毫不戀棧。在事實、大道跟前，坊間各種奇招怪術無所遁形，一一露出馬腳。《桂本》「言巧似是，其理實違」的教訓，誠不我欺。

若日常飲食攝取均衡，特別是米飯主食吃得夠，人體少有額外單獨攝取清水的需求，也不應發生口乾舌燥；反之，沒有大量勞動、流汗，卻常感燥渴、需要喝水，甚至喝水也難以解燥，就《桂本》言及，皆是病證。可見得：「口渴」在正常人體運作中不常出現，也容易被滿足。體內津液充分，代謝功能良好，不喝清水，身體也可自行潤燥。但是，此一論述及事實，與「不喝清水」的意義並非一致。因為，雖然不喝清水，但各種茶湯、含水分的食物，甚至大氣中的濕氣，其實都能夠由外界帶給人體內程度不等的水分與潤澤效果，對人體正常代謝所需，基本上已是足夠。所謂一天要喝幾大杯水之類的說法，實則缺乏科學根據，其表述所依據的計算與推理過程，堪稱漏洞百出，不合邏輯，也與人體生理機轉的事實諸多矛盾，可說毫不可信，但卻被眾人傳說不已。而且在身體不覺燥渴的狀態下強迫喝水，更可能造成在《桂本》所指出的各種病證，不可不慎。至多，使用我們介紹過的太極米漿粥，或桂圓薑棗茶，對於潤喉、解燥，已經很有效果。在沒有任何茶湯可用的狀態下，正確飲用熱水，暫且應急，也夠了。曾聽聞有幼兒園奉行「每天要喝水幾百毫升可防中暑」的說法，每日定時定量強迫所有園生灌水下肚，造成許多幼兒反胃嘔吐之下仍遭強逼灌水，嚴重斲傷胃氣，適得其反。現場有如罪犯遭逼供刑求，慘無人道。試想：不同的燃油汽車在行駛過同樣的距離後，消耗掉的油料必然不盡相同。今天如果立法要求所有車輛在行駛同樣里程後必要添加一樣多的油料，無論油箱空間多少，否則開罰。請問這樣合理嗎？如果不合理，要求所有個體差異如此明顯的人體定時定量灌入水分，又合理了嗎？現代營養學、坊間養生傳說中，如此這般根本反智、反科學、反人性的表述所在多有，我們不可不慎！

因此我們一向主張：謹慎飲用清水，《桂本》條文也如此指示：飲水時必用熱水，而且必須少量啜飲，分散多次，萬不可一次喝到飽足。飲水若不得其法，同樣可能導致疾病。而其法度，則基於我們每個人的身體感之上，還要能夠不失其常，如此而已。

木形人控制飲水的影響

木形體質的人對脾胃津液的取用力度較大，若是未能經常注意補益脾胃津液，在木陰刑克土陰下，將導致脾胃津液上供入肺時有所不足，很容易出現燥渴、咽乾，飲水不止的現象。過於乾燥的食物不易化消，故也不利於補充脾胃津液。大量飲用清水，陰氣太重，胃氣升發功能容易損傷，更造成胃氣不易將飲食的津液送入肺中潤澤。水飲留滯胃中，卻又令人飲水不止，毫不解渴。除了以茶飲代替飲水外，大量的米飯才是對於脾胃的津液涵養極有效果，木形人應該要特別留意：每餐的飯量必要攝取足夠，以此加強脾胃保養津液滋潤的能力，令胃中的虛燥熱緩解，口乾、口苦的「上火」現象，自能退去。

火形人控制飲水的影響

火形體質的人因為偏於血少、血熱，可能常因上焦燥熱而覺得煩渴，這是內臟的氣機升提偏多而沉降力度偏少的現象。火形人還可能偏好溫度極熱，甚至燙口的飲品，以加大津液升發至肺中的效率，「打到頂，收到底」後加速滋潤全身經脈。過於乾燥的固體食物，不僅容易感到難以下嚥，對於上焦的燥熱更有加重的傾向，甚至影響睡眠品質。除了可以搭配常用饅頭等低度發酵的麵類主食，幫助調理心火沉降，偶爾也可飲用我曾介紹過的薏仁水（請參考《物性飲食》上，一二七頁），適度引導胃氣緩降，亦能收效。

○● 土形人控制飲水的影響

土形體質的人若是刻意操作大量喝水，或者不吃含水分的飲食，短期之內在土形人身上很容易看到所謂的成效。但是對土形人來說，脾胃是其長項，亦為其短。脾胃功能受到控制飲水的影響而失常，將連帶使得三焦失去胃氣的依準，升降的雙向調節功能亦連帶出毛病。腸胃升降停滯，容易出現腹部脹痛、脹氣，甚至排便困難。若是飲食過度去水、偏燥，熱氣在胃，妨礙膽汁升降，甚至容易引起身體發黃。新生兒黃疸同樣多是這個機轉而來，只要有適量的進食，令胃氣緩降，小便通利，發黃自然退去，絕大多數的狀況都很容易處理，沒有危害，更沒有醫藥介入的必要。

金形人控制飲水的影響

金形體質的人對氣機化生與收斂力度較強，但也容易在津液稍有不足時，影響內臟收藏水精與藏血、生血的功能。金形人特別需要引導津液下行，故刻意加強喝水也可能在短時間內看到效果。特別是金形人若內臟偏寒，對津液的收藏與引導下行的力度較差時，過度飲水或過食蔬果，把苦寒瀉下的偏性誤認為內臟引導氣血收藏的力道，這中間的差異可能一時很難察覺。若大便經常不能成形，則表示排便功能已經受到濕氣影響，陽氣顯然有傷。不如嘗試改為飲用豆漿，或者多吃豆腐、豆花，特別是由石膏點製而成者，藉黃豆同樣富含容易入腎的津液，能夠較有效潤滑內臟與腸道。

水形人控制飲水的影響

水形體質的人若是刻意大量灌水，造成濕氣停滯在脾胃，先是造成脾土刑克腎水，抽用腎中的津血幫助代謝。但如果進一步傷到腎系統，濕氣下移到膀胱等泌尿系統一帶，又缺乏足夠的胃氣加強排出，形成腰、腹部的明顯水腫，甚至在下腹、大腿根部，明顯發生容易出汗、潮濕的現象，腳底也容易發冷。因為傷及腎系統的津血，更難以補益。除了避免過量飲水，多用日式綠茶以升提清氣，並配合正確的飲食作息調理，加強利水，較可望改善。此外，適量飲用啤酒也有助於將水氣重新經由太陽經循環推送，化為小便利出，唯切記不可過量飲用，否則造成胃、肝濕熱加重，水氣停滯，適得其反。

總結：家常才是寶

以上數種常見被歸於「養生」，實則帶有療疾目的，偏性也大的極端飲食操作，萬變不離宗，總結起來，不脫在於引起「腎氣上衝」的效果，僅此一項罷了。腎氣上衝在身體功能的表現，即在引起腎上腺為主的內分泌激素受強刺激之下運作，讓身體各種功能短期內爆發式的出現亢進效果。腎上腺的一項重要功能，就是刺激心臟跳動。而心臟加速或是加大力道搏動的狀態下，的確很容易可以立即而明顯的改善各種血液循環有關的問題，甚至是提升其他身體功能。只是這種效應的持續時間並不長久，也不允許長久，因為這是身體經常在面對壓力時藉以產生「應急反應（Fight-or-flight response）」的重要機轉。簡單舉例，我們常說人在緊急時可以獨自從火場把金庫扛出的爆發神力，就是由此而來。這種爆發力驚人，但一閃即逝，無法長時間持續。在爆發現象發生後，人體將感到異常虛脫、疲累。長期下來，這種壓力引發其他許多精神與身體結構上的疾病，或所謂亞健康狀態，例如：長期感覺無法消除的疲勞、早上經常賴床、記憶力或思考力下降、情緒起伏波動大、性欲減退、睡眠障礙等，甚至憂鬱症等身心障礙，現代醫學也都認為可能與此有關。況且，腎上腺是一種隨著年齡增長而重量逐漸減輕的腺體，在一般的人體狀態下，這種減輕的現象是普遍性的，也可視為一種與自然壽命互為反比的指標。另外，現代醫學觀察發現：大象每分鐘心跳約在三十次左右，壽命平均大約六十年；老鼠每分鐘心跳約六百次，壽命平均約為三年。也就是說：具有分形結構相似的脊椎哺乳類動物間，壽命長度與每分鐘的心跳次數成反比；或者可以說：此類動物的「一生總心跳次數」接近一致。甚至可以假設推論：心跳越慢，可供維持跳動的時間越長，也就是壽命越長；心跳越快，可供維持跳動的時間越短，也就是壽命越短。相似的觀察與推論，我也曾根據象與鼠兩者皆為水屬性的物性論點提出過（《物性飲食》下，一七八頁）。這項論述當然還不足以成為學說或定理，僅僅是一項推測，基於事實觀察的評論，但卻也與中醫等東方思想、學術古來就講究的「鬆」、「沉」、「穩」等養生哲學，不謀而合。意即：在循環、代謝功能均正常的前提下，心跳次數起伏越小，也就是越合於一定的節律，並且單位時間的跳動次數越少，人就越能健康而長壽。

腎上腺受到壓力而大量釋放腎上腺素與腎上腺皮質素等激素後，刺激心臟高功率的搏動，身體的能量集中湧現，帶動出諸如：「精神提振」、「記憶與思考力提升」、「高效代謝」、「活力四射」、「睡眠減少」、「食量減少」、「體重減輕」、「消除發炎」、「治療百病」等短期的正面效應，甚至還有可能使癌細胞縮小！許多對於「治療」、「預防」癌症的論述也好，抗癌飲食內容也好，癌症的生成與治療的機轉推想也好，多是基於此一現象引申而出。此一腎氣上衝的效應，因為與腎系統關聯很深，故許多現象出現在腎系統的臟器功能或結構上，亦十分合理。像是有的現代醫學認為：飢餓時，身體產生「飢餓激素（Ghrelin）」，有助於刺激強化思考能力，並且可以促進腦下垂體的內分泌產生，讓人更有活力，基礎代謝效率提高，甚至還使人看來更年輕！有的營養師進一步主張：兒童應該要常保持飢餓狀態，可以促進發育、長得更高。有的研究認為：這樣的刺激可以改善記憶，甚至還被認為有可能藉此找到治療失智症的辦法。不吃主食、挨餓，似乎被許多疾病研究均視為「極具潛力」的治療方法，彷彿是人類醫學的曙光。一夕之間天地變色：吃進食物是壞事，吃到五穀主食更像是吃到毒藥，吃白米堪稱可以消滅人類。而怎麼樣可以既不吃東西、保持長時間的飢餓，又不要有難受的飢餓感，是一項十分勾動人們好奇心與好勝心的「不可能的任務」，前仆後繼，粉身碎骨，以身試法。有些名人甚至以控制食欲與體重視為人格高尚的表現，品性修為的標章，高人一等的準繩，自豪於刻苦控制食欲與體重之後的成果，同時對於食欲以及體重不如其意的他人狀況語多貶抑，常有批判，甚至明示或暗示不控制食欲或體重者，就是人生的失敗者。四面八方各種引誘、壓迫人不吃食物，特別是不吃主食的思潮瘋狂湧現，無論學理，還是精神層面，一說起他的好，個個言之鑿鑿。在糧食生產工具與技術發達，各種料理技藝越發成熟、多樣的今天，人類文明花上約一萬年才積累出如此成就，但卻有許多人反過來追求飢餓、逃避食物，歌頌抗拒飲食。相形之下，十分諷刺。曾讀到某論述在教人如何養出俗話中的「小鳥胃」，但是在我心裡浮現的「小鳥」形象卻只有：小鳥的骨頭都是中空的，一折就斷，幾乎沒有骨質可言，而且大小便不分、天生溏瀉，胃氣冷，脾氣弱，壽命普遍不長。基於這些鐵一般的事實，嚴格來說，小鳥並不是什麼代表健康的好形象。教人自毀健康，甚至成為時尚、常態，言者實在於心何忍？

若由我所知道的中醫說法來表述，這些五光十色、絢爛奪目的特效，是由「右腎」，也就是命門帶動出異常亢進的少陽相火所造成的效應。中醫認為右腎與左腎負責的功能不同，右腎在人體也具有「火」的功能屬性，故稱為「命門火」，或稱「相火」。解剖中也發現，左右兩側的腎臟雖然看似結構相仿，位置鏡射，但右側與左側腎上腺的形狀不同，與身體腹腔內血管連通的結構也明顯不同，功能不同，並非像眼睛「閉一隻眼睛也能看見」般的具有高度替代性。相較於左側腎臟的腎上腺為彎月形，右側腎臟的腎上腺略呈三角形，這與我所謂數術中以「三」及「三角形」代表火屬性的看法，也恰為一致（請參考《太極米漿粥》七一頁；《物性飲食》上，五五、五六頁）。而發動這些所謂正面效應的機轉，同時也是許多病證的病機，正是常言道「兩面刃」。像是造成《桂本》中所謂：「裡虛」、「少精血，奔氣促迫，上入胸膈，宗氣反聚，血結心下」（〈平脈法第二・二・四八〉）等等病證，或如《桂本》〈辨少陰病脈證並治〉章節：「少陰之為病，脈微細，但欲寐也。」（〈十一・一〉）、「少陰病，惡寒，身蜷而利，手足逆冷者，不治。」（〈十一・十五〉）、「少陰病，得之二三日以上，心中煩，不得臥……」（十一・二三）等條文，參看前述列舉現代醫學也發現到的腎上腺功能障礙所引發的病證，多有相似之處。這些嚴重的負面後果，更難處理，也更容易造成病證的轉移及擴大，更難估算惡化的結果，也更難預防。甚至就《桂本》的描述來看，「少陰病」包含多項具有死證的條文，致命的風險的確很高。再輕一點的，甚至像現在一般常見的兒童性早熟症等問題，我個人認為也與腎氣上衝的效應間有極大的關聯，亦同樣在現代醫學對於腎上腺與此類病症的觀察研究中被指出，實在值得進一步的研究。

也因為這樣腎氣上衝的操作在短期所帶來的諸多反應是美好的，令人目眩神迷，許多論述也就紛紛嘗試想要為這樣的效果尋找一個讓人放心實踐的好理由，或者嘗試做點小改良、小變化，企圖取其利而避其害。但很可惜的，放在古經方中醫的諸多經典觀念底下來看，以胃氣、陽氣的破壞為手段，這類操作所產生的效應本身就註定是有損身體健康，違反生理機轉秩序，更是致病的遠因。無論用再怎麼巧妙的語彙所堆疊出的解釋，也只落得《桂本》所云「言巧似是，其理實違」的評論而已。更何況就事實結果來看，如前述提及，賈伯斯長年奉行此類極端飲食操作，最後甚至在發現惡性腫瘤後仍然要靠此法放手一搏，結果即是如眾所周知那般，徒留遺憾。其實，光只「食量減少」一項，就可知胃氣三力已在此類極端飲食操作下受到損傷，便幾乎沒有可能治療疾病，更不具促進健康的養生效果，故可謂完全沒有繼續嘗試與鑽研的必要與價值。部分有心人士刻意放大局部事實，加油添醋，藉此以偏蓋全而做成偏性極強的論述，結果往往是掀起一時的風潮，創造不少商機，卻讓許多人遭受嚴重的健康損傷。不說我所認識的中醫論述絕不贊成，現代醫學也觀察到此一傾向。二〇一八年，哈佛大學發表於《刺胳針公共衛生》（Lancet public health）期刊，一份名為《膳食碳水化合物攝入量和死亡率：前瞻性隊列研究與整合分析》（Dietary carbohydrate intake and mortality: a prospective cohort study and meta-analysis）的研究指出：碳水化合物攝取量少於人體每日所需熱量兩成的受驗群體，死亡率最高，是死亡率最低、攝取量佔五成群體的一點五倍。雖然碳水化合物與米飯主食並非全等，但碳水化合物攝取量若如此低落，肯定每天的主食一定吃得極少，甚至不吃。先不說多吃主食會如何，不吃主食顯示的結果就是短命早死！

影響壽命長短這回事，我們很難在同一個人的身上做出反覆的驗證，只能從間接證明來進行分析與評論。正如賈伯斯已經死了，他再也沒辦法回來告訴你：如果可以重新選擇，他是否還要堅持原本的飲食。但是，如果此類極端飲食操作的確與死亡率提高的傾向有正相關，那麼我們更沒有理由去貿然嘗試。何況，我們也早已從古經方中醫的角度來做出同樣的判斷結論了：胃氣、陽氣有傷，折損腎氣，多能致死。

不吃米飯主食、低碳低糖、生酮飲食、防彈飲食等，毫無學理支持，事實更證明對人體健康有負面影響，是舉世所有醫學皆無法認同的極端飲食操作。

依照天地的節律休養生息，起居有節，精神內守，不妄勞作，足量米飯主食，五穀為養，以溫通腠理為依歸，養胃氣，護陽氣，致中和，這才是養生的不敗守則，至高奧義，終極之道。

中醫師也想學的25形人養生攻略

算體質！來自黃帝內經的零死角全息調理法

作者——紫林齋主
美術設計——張巖
主編——楊淑媚
校對——紫林齋主、楊淑媚
行銷企劃——許文薰

第五編輯部總監——梁芳春
董事長——趙政岷
出版者——時報文化出版企業股份有限公司
一〇八〇一九台北市和平西路三段二四〇號七樓
發行專線——（〇二）二三〇六—六八四二
讀者服務專線——〇八〇〇—二三一—七〇五、（〇二）二三〇四—七一〇三
讀者服務傳真——（〇二）二三〇四—六八五八
郵撥——一九三四四七二四時報文化出版公司
信箱——一〇八九九臺北華江橋郵局第九九信箱
時報悅讀網——http://www.readingtimes.com.tw
電子郵件信箱——yoho@readingtimes.com.tw
法律顧問——理律法律事務所 陳長文律師、李念祖律師
印刷——勁達印刷有限公司
初版一刷——二〇一九年八月九日
初版五刷——二〇二三年六月十九日
定價——新台幣三六〇元
版權所有 翻印必究
缺頁或破損的書，請寄回更換

時報文化出版公司成立於一九七五年，並於一九九九年股票上櫃公開發行，於二〇〇八年脫離中時集團非屬旺中，以「尊重智慧與創意的文化事業」為信念。

中醫師也想學的 25 形人養生攻略 / 紫林齋主作 . -- 初版 . --
臺北市 : 時報文化 , 2019.08　面；　公分
ISBN 978-957-13-7912-8(平裝)
1. 中醫 2. 養生 3. 中醫理論

213.21　　108012454

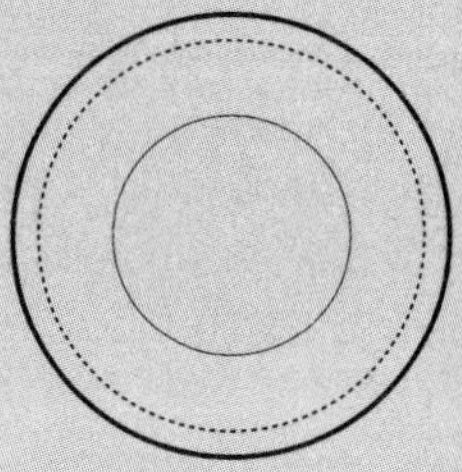

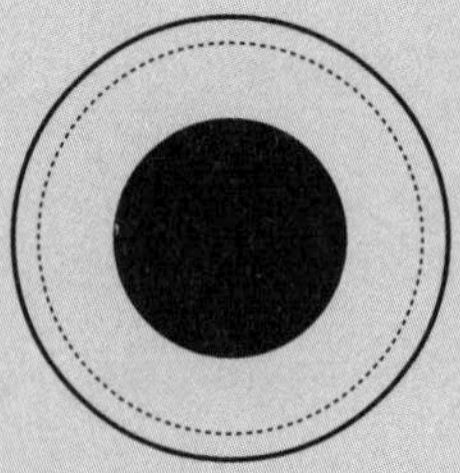